Citim. Știm.

Stéphane Garnier

ACȚIONEAZĂ ȘI GÂNDEȘTE CA O PISICĂ

liber, calm, demn, atent,
încrezător, elegant, independent

Traducere: Oana-Ilinca Moldoveanu

NICULESCU

Descrierea CIP a Bibliotecii Naţionale a României
GARNIER, STÉPHANE
Acţionează şi gândeşte ca o pisică : liber, calm, demn, atent, încrezător, elegant, independent / Stéphane Garnier ; trad.: Oana-Ilinca Moldoveanu. - Bucureşti : Editura NICULESCU, 2020
ISBN 978-606-38-0503-5

I. Moldoveanu, Oana Ilinca (trad.)

159.9

Published by special arrangement with Les Éditions de l'Opportun in conjuction with their duly appointed agent 2 Seas Literary Agency and Co-Agent Livia Stoia Literary Agency.
Titlu original: *AGIR ET PENSER COMME UN CHAT. Libre, calme, curieux, observateur, confiant, tenace, prudent, élégant, silencieux, charismatique, fier, indépendant...*, par Stéphane Garnier

Bd. Regiei 6D, 060204 – Bucureşti, România
Telefon: 021 312 97 82; Fax: 021 314 88 55
E-mail: editura@niculescu.ro
Internet: www.niculescu.ro

Comenzi online: www.niculescu.ro
Comenzi e-mail: vanzari@niculescu.ro
Comenzi telefonice: 0724 505 380, 021 312 97 82

Redactor: Liliana Scarlat
Tehnoredactor: Lucian Curteanu
Coperta: Carmen Lucaci

CORESI

ISBN 978-606-38-0503-5

Lui Ziggy,
pisica mea

CUPRINS

PREFAȚĂ

Sunt zile când nu avem chef să mergem la serviciu, să ne informăm, să punem la suflet catastrofele de pe planetă, să ne facem griji pentru viitor... Nu avem chef să ne exprimăm părerea despre cele mai recente reforme politice care stârnesc indignare, tot așa cum nu avem chef să ne frământăm pentru viitorul nostru profesional și nici să știm dacă, peste câțiva ani, vom primi vreo pensie...

Nu avem chef să fim măcinați permanent de problemele noastre personale care, la rândul lor, au legătură cu cele ale apropiaților noștri; nu avem chef să ne simțim vinovați atunci când ne răsfățăm cu o baie bună în „detrimentul" planetei; nu avem chef de mustrări de conștiință privind calitatea propriei alimentații...

Vrem doar să ne detașăm, să ne deconectăm de la toate acestea pentru o zi sau chiar și numai pentru o clipă... și să respirăm, pur și simplu.

Mă întorc brusc. Ziggy, pisica mea, tocmai a intrat în birou fără să facă nici cel mai mic zgomot. Mă privește clipind, sare pe masa de lucru și se întinde pe tastatură. Ritual complice pe care îl avem de ani buni, de pe vremea când încă scriam pe caiete, iar Ziggy rodea întruna capacul stiloului. Mă amuză, e un joc al nostru. Pisica se comportă ca și cum, pe de o parte, îi place la nebunie să scriu, dar, pe de altă parte, face tot ce-i stă în putință ca să mă împiedice.

Până acum, în tot acest „balet" constând în atingeri cu lăbuțele ei fine și drumurile sale dus-întors între genunchii mei și tastatură, nu vedeam nimic altceva decât alinturi și jocuri...

Poate că, în toți acești ani, Ziggy avea altceva să-mi spună; poate, pur și simplu: „Hei! N-ai vrea să faci o pauză?"

Să fac o pauză... În clipa aceasta, când Ziggy își freacă năsucul de gâtul meu, nu am niciun chef să... Nu am niciun chef astăzi să știu dacă îmi voi putea achita facturile, nici să-mi fac griji pentru următoarea prăbușire a burselor...

Oare ea își face griji pentru toate acestea?

Poate că acesta este secretul pe care Ziggy voia să mi-l împărtășească de atât de mult timp: să învăț cum să mă detașez, să mă ocup numai de ce este important, să mă gândesc la starea mea de bine, să fac ca ea... Să trăiesc ca o pisică!

Indiscutabil, pisicile trăiesc mult mai bine decât noi! De ce să nu le urmăm exemplul? Încerc să fac asta căutând să înțeleg cum anume trăiesc, spre ce anume aspiră, care este stilul lor de viață.

În toți acești ani, răspunsurile au fost în fața mea, doar că eu nu mi-am dat seama.

Avem totul de învățat de la pisici, atât în viața personală, cât și în cea profesională!

Este ceea ce te invit să descoperi în această carte, pentru a te detașa puțin de cotidian și pentru a-ți redobândi starea de bine și zâmbetul.

În ce privință au pisicile dreptate? Cum și în ce anume trebuie să ne inspirăm de la ele?

Începând chiar de astăzi, pentru a-ți dezvolta o altă perspectivă asupra vieții, gândește și acționează precum o pisică!

PRIETENELE NOASTRE, PISICILE

„La început, Dumnezeu l-a făcut pe om,
însă văzându-l atât de slab de fire, îi dărui pisica."

WARRE ECKSTEIN

„Pisicile domestice, chiar și cele mai jigărite,
sunt întotdeauna nobile. Nu cer nimic.
Sunt pisici și... asta spune tot."

FRÉDÉRIC VITOUX

Pisicile ne fascinează din cele mai vechi timpuri. Observându-le, încercând să le înțelegi, îți dai seama că, în forța, atitudinea, calitățile, obiceiurile și micile lor manii, există un fel de magie datorată capacității lor de a trăi liniștite și de a fi fericite.

Pisicile sunt înzestrate de la natură cu atâtea atuuri pe care le putem folosi și noi, cu siguranță, în viața de zi cu zi, personală și profesională.

Pisicile practică o filosofie de viață care pare să se rezume la câteva cuvinte: să mănânce, să se joace, să doarmă, să fie preocupate de confortul personal și să facă doar ce le place. Deja o mare diferență față de cum vedem noi lucrurile! Și asta nu e tot.

Pisicile adoptă o igienă de viață care le permite să trăiască fără stres, fiindcă nu au decât o singură prioritate: propria lor stare de bine!

Cu ajutorul lor, încercând să înțelegem cum trăiesc, ne putem forma o altă perspectivă, o altă viziune asupra lumii, și dobândi o înțelegere diferită și completă asupra ființei noastre.

Iar acum, te invit să privim lumea cu ochi de pisică, să pătrundem în mintea pisicii și să-i descoperim filosofia, pentru a învăța să prețuim viața așa cum o face ea!

PISICA ESTE LIBERĂ

„În profunzimea ființei noastre,
cu toții răspundem acelorași instincte.
Pisicile au curajul să trăiască
fără să-și bată capul cu asta."

Jim Davis

Libertate, scumpă libertate! Cine oare nu-și dorește ca fiecare clipă a vieții sale să stea sub semnul libertății?

Să fii liber să pleci și să vii, să faci doar ce-ți place. Să te eliberezi de propriile acțiuni, dorințe și capricii. Să fii la fel de liber în gândire precum ești în mișcare! Să fii liber!

Paradoxal, cu toții manifestăm o înclinație puternică pentru acumularea de obstacole în viața noastră și, adesea, pentru a ne înrobi singuri, fie că vorbim despre credite la bănci, care ne obligă să muncim mereu mai mult, despre obiecte de prisos, dar pe care le considerăm neprețuite, despre obiceiuri devenite obligații, pe care nu le mai suportăm, despre persoane toxice, pe care ne forțăm să le tolerăm... Poate că a venit momentul să faci curățenie generală în viața ta...

De ce să nu încerci să păstrezi doar ceea ce iubești, să menții doar relațiile care îți fac plăcere, să faci doar activitățile și meseriile care te pasionează?

Să acționezi doar așa cum vrei, să faci doar ceea ce dorești... Poate te gândești că este numai un vis frumos... Nu și pentru o pisică. Ea a hotărât să fie liberă. Liberă să aibă, să fie, să trăiască după bunul plac, clipă de clipă.

Libertatea este o constantă în viața unei pisici. Pentru ea, libertatea reprezintă mai mult decât o a doua natură. Este însăși rațiunea ei de a fi. Restul nu o interesează decât în mică măsură. În schimb, pentru noi, idealul de libertate se limitează, eventual, la a ne lua concediu când se poate... în funcție de planificare.

VREI SĂ TRĂIEȘTI
CA O PISICĂ?
FII LIBER CA O PASĂRE!
ȘI NU FACE DECÂT
CE AI ALES SĂ FACI!

O ZI DIN VIAȚA UNEI PISICI

Urmărește-o pas cu pas și urmează-i exemplul, nu vei avea decât de câștigat!

ORA 7:30 – DEȘTEPTAREA

Trezirea nu este întotdeauna un lucru ușor. Mai ales că, atunci când sună ceasul deșteptător, mulți dintre noi suntem buimaci... Avem nevoie de câteva momente ca să reintrăm în formă! Observă pisica. Ce face ea?

Pisica nu sare brusc din culcuș – nu e sănătos nici pentru corp, nici pentru minte. Se destinde, se întinde, deschide încet ochii și își acordă timpul necesar pentru a se trezi.

Întinde-te, cască... Nu te ajută cu nimic să te grăbești. Pisica se întinde cât încă este în culcuș, apoi se ridică, își curbează coloana pentru a se întinde din nou și cască de zici că-și dezarticulează maxilarele, apoi se așază la loc, clipind.

Am încercat și eu. M-am apucat s-o imit. Într-adevăr, este mult mai plăcut decât să sari din pat, ca o clătită pe care o întorci în tigaie, înainte să te târăști până la cafetieră, trăgându-ți picioarele după tine.

Fenomenul, obișnuit la majoritatea animalelor, se numește întindere. Un reflex pe care noi, oamenii, avem prea des tendința să-l neglijăm, cu toate că ne face trezirea mai plăcută și ne ajută să începem o zi bună!

PISICA ESTE CHARISMATICĂ

„Date fiind calitățile pisicilor – curățenie, afecțiune, răbdare, demnitate și curaj – vă întreb: oare câți dintre noi ar putea deveni pisici?"

FERNAND MERY

Pisica nu are nevoie să miaune, să sară peste tot sau să se dea în spectacol ca să se facă remarcată. Îi simți prezența de când intră într-o încăpere. Nu are nevoie să se agite – charisma îi garantează că va fi remarcată.

Cu discreția și personalitatea ei, atrage toate privirile, de fiecare dată când se plimbă prin camera de zi. Pisica are clasă! Chiar mare clasă! Cine nu și-ar dori să exercite o asemenea fascinație?

Oare ce anume face ea încât emite atâtea vibrații pozitive, încât stârnește atât de multă admirație?

Nimic. Pur și simplu ESTE.

Iată lecția cea mai importantă pe care o avem de învățat de la o pisică, pentru a dobândi mai multă forță, mai multă charismă: trebuie să fim!

Să nu ne ascundem, să nu ne amăgim încercând să părem ceea ce nu suntem, să nu jucăm un rol, să nu ne agităm gesticulând exagerat pentru a hipnotiza audiența... Să nu facem nimic, pur și simplu.

Lasă-ți personalitatea să radieze, ca și când ai fi un emițător, o sursă de lumină. Într-o conversație, nu ieși în evidență mai mult decât este necesar, nu monopoliza discuția pentru a te pune în valoare – nu vei face decât să-ți plictisești interlocutorii. Fiindcă, inconștient, vor simți că, prin aceste lungi monologuri, pe tine însuți încerci să te convingi sau să te liniștești.

Nu asta înseamnă să ai charismă. Așa ești doar omniprezent, acaparator... Într-atât încât devii supărător!

Nu ai observat oare că persoanele cele mai charismatice, asemenea actorilor de cinema despre care se spune că „trec sticla", nu au manifestări exagerate? Rămân sobre în vorbire, la fel și în ținută.

Oamenii cei mai charismatici nu sunt cei mai extravaganți. Sunt prezenți, însă manifestă mereu o anumită reținere.

Charisma se construiește pe măsură ce devii sincer cu tine însuți, cu ceilalți, pe măsură ce te accepți așa cum ești, fără să recurgi la artificii străine personalității tale.

Fiecare dintre noi își poate dezvolta această personalitate – atrăgătoare sub cel puțin un aspect –, cu condiția să fim noi înșine în orice situație. Asemenea unei pisici.

**PENTRU A UMPLE SPAȚIUL CU PREZENȚA TA,
PENTRU A FI CHARISMATIC:
FII SINCER, FII DISCRET,
FII SIMPLU, FII AUTENTIC!**

PISICA ESTE CALMĂ (ÎN MAJORITATEA TIMPULUI)

„O pisică ce stă nemișcată este întruchiparea ideii de calm."

RENÉ CHAR

Stresul, acest mare flagel al societății contemporane! Cum să-l combatem? Cum să-l canalizăm?

În ultimele decenii s-au dezvoltat multe discipline și tehnici de relaxare. Ceea ce nu este un semn foarte bun, fiindcă înseamnă că suntem din ce în ce mai stresați și din ce în ce mai mulți care ne simțim stresați.

Suntem mereu nervoși, mereu activi. Insomniile duc la nervozitate și anxietate, punându-și uneori amprenta asupra organismului și transformându-se în hipertensiune, mergând până la sindromul *burn-out* (sindromul epuizării profesionale) apărut în ultimii ani.

Dacă ajungem uneori până la asemenea extreme înseamnă că trăim rău, foarte rău.

Odată ce am constatat aceasta, cum să facem o schimbare? Să ne uităm la o pisică: ți se pare că este stresată mai tot timpul? Doar arareori.

Pisica este întruchiparea calmului și a păcii interioare. Așezată liniștit, cu musculatura destinsă, pisica nu dă niciun semn de agitație fizică, iar în privirea ei nu se citește nici cea mai mică tensiune.

Ceea ce numim, uneori, „stres", la pisici nu este, de fapt, decât o stare de maximă vigilență. În astfel de momente, pisica este în alertă în fața unui eventual pericol, în fața unui eveniment care i-ar putea perturba curgerea lină și odihnitoare a vieții ei de zi cu zi. Ciulește urechile, iar privirea ei devine fixă. Observă, așteaptă. Însă odată ce a identificat cauza îngrijorării, revine la calmul ei inițial și se destinde în câteva secunde.

Pisica nu rămâne stresată odată ce o anumită situație a luat sfârșit. După ce pericolul a fost identificat, evitat sau înlăturat, iar calmul s-a reinstaurat în mediul ei, ai zice că se detașează, că șterge complet pericolul din memorie, ca și cum evenimentul respectiv nu s-ar fi produs niciodată. Poate că în asta constă marea forță a pisicilor, poate că aceasta este o explicație pentru calmul lor imperial.

Dincolo de existența contemplativă, pisica și-a construit o viață ordonată, acceptând cu greu marile schimbări de pe-o zi pe alta, fiindcă este vorba despre o viață confortabilă, sub semnul stării de bine, pe care și-a construit-o și pe care nimic nu trebuie s-o perturbe.

Rarele momente de stres ale pisicilor intervin atunci când această stare de bine le este amenințată: de o situație pe care trebuie s-o rezolve rapid, punând pe fugă un intrus; arătând, cu forță și tenacitate, că înlocuirea bobițelor obișnuite cu altele mai ieftine nu este deloc pe gustul lor; sau dând de înțeles că absențele lungi și repetate ale stăpânilor nu corespund nevoilor lor de atenție și afecțiune.

Alt fenomen observat la pisici, despre care vorbesc și medicii veterinari: dacă se întâmplă, uneori, ca pisicile să fie stresate sistematic și continuu, de vină sunt adesea stăpânii!

Pisica este precum un burete: simte tot, absoarbe stările noastre, însă, uneori, când se ajunge la un anumit nivel de tensiune, zgomot, țipete, nu poate să recepteze toți acești stimuli pentru a-i „digera" în calmul ei absolut caracteristic.

Dacă starea lor de bine este în joc și au posibilitatea, pisicile pot chiar să plece de-acasă dacă „atmosfera" devine insuportabilă. A cui va fi vina în acest caz? Dacă, pentru a se simți liniștite, trebuie să plece, o vor face... Am consemnat!

PENTRU A-ȚI ÎNTREȚINE CALMUL ȘI PACEA INTERIOARĂ, ASEMENEA UNEI PISICI: IDENTIFICĂ SURSA DE STRES, REZOLVĂ PROBLEMA O DATĂ PENTRU TOTDEAUNA, MERGI PÂNĂ LA CAPĂT ȘI DETAȘEAZĂ-TE DE EA DEFINITIV. NU ÎNTOARCE PROBLEMA PE TOATE PĂRȚILE, NU STĂRUI ASUPRA EI. ELIBEREAZĂ-TE DE EA PENTRU TOTDEAUNA. CALMUL SE VA REINSTAURA ȘI, ODATĂ CU EL, ÎȚI VEI REDOBÂNDI STAREA DE BINE.

PISICA ȘTIE SĂ SE IMPUNĂ

„Pisica pare să-și facă un titlu de onoare din a nu folosi la nimic, ceea ce n-o împiedică să revendice în familie un loc mai bun decât cel al câinelui."

Michel Tournier

Adesea din timiditate sau din lipsă de încredere în sine, multora dintre noi le este greu să se afirme în fața „celorlalți". Ne facem cât se poate de mici, tăcem, nu avem cuvinte pentru cât de „superiori" ni se par ceilalți din punct de vedere intelectual, sau, cel puțin, pentru cât de siguri sunt pe ei înșiși, încât pot strivi audiența cu prezența, cu știința lor... adesea, dacă-i asculți atent, cu prostia lor!

Cine sunt „ceilalți"? Tu, eu, cu toții suntem „ceilalți" pentru cineva. Dacă „ceilalți" ocupă mai mult spațiu decât tine, este pentru că le-ai permis. E ca într-o casă: cu cât ai mai multe șifoniere, cu atât te întinzi mai mult!

„Ceilalți" îți invadează spațiul, ajungând, uneori, să te maltrateze, înainte de a ajunge să te domine? Gândește-te la o pisică!

Încearcă să calci pe laba unei pisici, doar pentru a vedea cum reacționează! O vei auzi și, poate, chiar o vei simți când își va fi înfipt ghearele în glezna ta!

Nu te mai lăsa dominat! „Ceilalți" nu au niciun drept să se impună astfel. Nu au decât spațiul pe care li-l acorzi. După ce ți-au strivit piciorul, te vor călca pe cap, lovindu-te când deja ești la pământ, numai dacă îi lași să facă asta, numai dacă îi „tolerezi".

Este o mare diferență între a avea charismă și o personalitate puternică, precum pisica, și a te folosi de alți oameni pe care îi domini ca să te impui.

Pisicile ocupă spațiul care li se cuvine, fără a-și strivi, totuși, aproapele, însă nu suportă ca spațiul să le fie invadat. Se impun astfel cu seninătate, nu prin tiranie, dar nu acceptă roluri de figurație!

ÎNVAȚĂ SĂ TE IMPUI CALM ȘI APĂRĂ-ȚI LOCUL DE LA PRIMA ÎNCERCARE DE INTRUZIUNE! MERIȚI MAI MULT DECÂT UN SIMPLU ROL DE FIGURAȚIE!

MOMENT DE REFLECȚIE!

„CÂND VĂD TRECÂND O PISICĂ, ÎMI SPUN: ȘTIE MULTE DESPRE OAMENI.”

JULES SUPERVIELLE

PISICA ESTE UN ÎNȚELEPT BĂTRÂN

„Am studiat mult filosofii și pisicile.
Înțelepciunea pisicilor este infinit superioară."

HIPPOLYTE TAINE

Cu atitudinea ei atentă, asemenea unui psiholog care ascultă în tăcere, pisica seamănă cu o statuie din bronz, cu un înțelept bătrân. Poate că nu este numai o părere, într-atât modul ei de viață, felul în care înțelege să nu se risipească inutil, să contemple lumea mereu cu aceeași curiozitate, ne uimește.

Pe măsură ce anii trec și înaintăm în vârstă, cu toții devenim mai înțelepți, dobândim o oarecare detașare de lume, de viață, de evenimente...

Câți dintre noi nu ne-am spus, la un moment dat: „Mi-ar plăcea să mai am iar 20 de ani, cu ceea ce știu astăzi..." În timp ce noi dobândim înțelepciunea odată cu trecerea timpului, pisicile, fără școală, fără cărți, fără îndrumători, fără constrângeri, nici modele, fără măcar un număr mare de ani ori de experiențe, posedă o formă de înțelepciune înnăscută.

Înțelepciune din care noi nu reușim să prindem decât frânturi, după multe frământări, încercări, schimburi de idei, reflecții și introspecții.

Avem de parcurs un traseu sinuos, dificil sub mai multe aspecte, până să reușim, într-o bună zi, asemenea pisicilor, să ne așezăm senin pentru a privi în zare, schițând un zâmbet, când vom fi trecut de 60 de ani. În timp ce pisicile știu să facă asta aproape de când se nasc.

Avem de învățat de la pisici și în acest domeniu, dar cum să pătrundem toate tainele acestei înțelepciuni insondabile, aproape mistice, de care dau dovadă pisicile?

Totuși, pisica ne dezvăluie chiar ea secretele acestei înțelepciuni. Dacă ai o pisică, înțelegi ce vreau să spun. Ai trăit deja acel moment când, simțindu-te copleșit de îndoieli, de gânduri obsedante și nemaiștiind să te detașezi, v-ați fixat reciproc cu privirea, iar pisica ți-a dat senzația că vede prin tine. În acel moment, ai simțit că știe ce tu nu știi. Că știe sau că a știut...

Pisica se uită atunci la tine cu ochi binevoitori, iar privirea ei spune o legendă... Povestea străveche a unui împărat chinez care și-a chemat cei mai mari înțelepți și le-a cerut să găsească o frază care să poată fi răspunsul la toate sentimentele, la toate situațiile, bune sau rele, pe care cineva le poate trăi... După un timp, înțelepții s-au întors la împărat, pentru a-i dezvălui această frază... Mesajul pe care pisica ți-l transmite prin privirea ei, atunci când te simți pierdut, această frază care, prin intermediul pisicilor, străbate timpul, ajungând până la tine:

„Va trece și asta!”

Într-adevăr: bune sau rele, toate trec.

Poate că, uneori, irosim prea mult timp agitându-ne inutil, încât ajungem să neglijăm esențialul existenței noastre.

Iată ceea ce ne transmite, poate, o pisică, prin calmul ei, prin starea ei contemplativă, prin bunăvoința ei față de noi: „Sunt aici, am grijă de tine și veghez asupra ta, va trece și asta..."

**ÎNȚELEPCIUNEA NU ESTE O MATERIE
CARE SE ÎNVAȚĂ SAU CARE SE PREDĂ.
ESTE O STARE, O UȘOARĂ DETAȘARE
DE AGITAȚIA VIEȚII,
PENTRU A PUTEA ÎNȚELEGE VIAȚA MAI BINE,
ÎN INTEGRALITATEA EI.
ÎNȚELEPTUL ȘTIE SĂ SE AȘEZE PE LUNĂ
PENTRU A PRIVI PĂMÂNTUL,
AȘA CUM PISICA SE AȘAZĂ PE ACOPERIȘ
PENTRU A PRIVI LUNA.**

PISICA SE PUNE MEREU PE PRIMUL LOC

„Nu pisica ne mângâie pe noi,
ci noi o mângâiem pe ea.”

RIVAROL

Așa cum am văzut, pisicile pun în centrul vieții lor cultivarea propriei stări de bine. Ca să facem și noi asta, trebuie să știm, uneori, asemenea lor, să fim egoiști și să nu ne gândim decât la propria persoană.

Nu înseamnă să ne credem buricul pământului, să fim narcisiști sau egocentrici, ci să ne îngăduim să punem, din când în când, propria stare de bine mai presus de a celorlalți.

Nu putem să oferim nimic celorlalți dacă nu știm să ne oferim nimic nouă.

Înainte de toate, ai grijă de tine, fizic și psihic. De asta depinde fericirea ta.

Cu cât te vei simți mai fericit și mai împlinit, cu atât vei ști să dăruiești mai mult și să fii în comuniune cu ceilalți.

Ține de tine să-ți creezi o stare de bine și să fii fericit. Nu te lăsa mereu la urmă. Nimeni nu va acționa în locul tău și, de altfel, nimeni nu poate ști de ce ai cu adevărat nevoie pentru a te simți bine.

Așadar, fă-ți curaj și, precum pisica: trasează-ți teritoriul, zona de confort, creează-ți condițiile pentru a te simți bine și oportunitățile pentru împlinirea de sine.

Nu lăsa să treacă nicio zi fără să faci ceva ce îți place, nu rata nicio ocazie de a-ți oferi un moment de bucurie sau de a te răsfăța cu un mic cadou, pentru că, da, meriți! Să nu te îndoiești niciodată de asta!

GÂNDEȘTE-TE LA TINE ÎNSUȚI,
LA STAREA TA DE BINE,
AI GRIJĂ DE TINE,
NIMENI NU O VA FACE MAI BINE ȘI
NIMENI NU VA FACE MAI MULT PENTRU TINE
DECÂT TU ÎNSUȚI.

O ZI DIN VIAȚA UNEI PISICI

ORA 7:45 – MICUL DEJUN

- Apă, lapte – într-un castron curat –, hrană uscată, pateu și un pliculeț de hrană umedă. Totul de bună calitate, proaspăt și într-un loc curat!
- Poate părea banal, însă câți dintre noi nu sar peste micul dejun? Câți dintre noi nu clătesc în grabă o cană ca să-și toarne o cafea, pe care o beau în picioare, sprijiniți de chiuveta din bucătărie, fiindu-le lene să-și ungă o felie de pâine cu unt?
- De pisică te-ai ocupat. Ai grijă și de tine! Să iei micul dejun așezat confortabil, asemenea pisicii, este cel mai bun mod de a-ți începe ziua!
- Mănâncă pe îndelete, acordă-ți timp să-ți prăjești o felie de pâine pe care s-o ungi cu unt, să scoți borcanul cu dulceață pierdut pe raftul cel mai de jos al frigiderului. Mănâncă ce vrei, numai mănâncă pe îndelete și bucură-te de aceste momente.
- Nutriționiștii insistă asupra faptului că micul dejun este masa cea mai importantă a zilei. Totodată, este un mod de a avea grijă de tine însuți, de starea ta de bine și de a-ți începe ziua cu zâmbetul pe buze!

PISICA SE ACCEPTĂ ȘI SE IUBEȘTE PE SINE AȘA CUM ESTE

„Specia umană este singura căreia îi este greu să se accepte ca specie. Pisica nu pare să aibă vreo problemă cu a fi pisică. Este foarte simplu. Se pare că pisicile nu au niciun complex, nicio ambivalență, niciun conflict interior și nu dau niciun semn că și-ar dori să fie, mai degrabă, câini."

Abraham Maslow

Este știut că neacceptarea de sine, așa cum ești, nu face decât să provoace durere și dezamăgire. Cu toții ne-am născut diferiți, iar cei mai mulți dintre noi sunt nemulțumiți de condiția lor, de corpul lor, de statutul lor social... Mult prea mulți dintre noi nu se iubesc.

De atât de multe ori, cu toții am vrea să fim altcineva, mai degrabă decât să acceptăm, pur și simplu, cine suntem. Autoacceptarea înseamnă și să descoperim resursele și capacitățile pe care le avem fiecare dintre noi...

Spre deosebire de pisici, respingem mult prea des ceea ce suntem, pentru a invidia ceea ce ne-am dori să fim... Acesta este cel mai bun mijloc de a fi nefericiți.

Oare pisica își pune această întrebare? Oare o pisică își dorește să fie o altă pisică sau un alt animal? Fără îndoială, această întrebare nici măcar nu-i trece prin cap, căci este perfect inutilă. Pisica este fericită și mândră de ceea ce este, iar atitudinea ei, aproape arogantă față de celelalte animale – uneori și față de oameni – nu face decât să o confirme.

Pisica este suficient de inteligentă încât să nu-și bată capul cu această falsă întrebare care nouă ne ocupă mintea atât de des cu reflecții nefolositoare. Prin urmare, pisica știe să se iubească pe ea însăși, pentru ceea ce este, și, deci, să fie fericită.

Să știi să te accepți nu e deloc complicat în teorie, de îndată ce te pui în pielea pisicii, care este foarte împăcată cu sine!

Ne plac pisicile în primul rând pentru că se iubesc pe ele însele. De ce să nu le urmăm exemplul fără să ne mai punem alte întrebări?

De ce să nu stăm dimineața în fața oglinzii și să ne spunem, râzând: „Știi că te iubesc?"

Pare simplu, însă încearcă! Nu-ți vei putea spune asta fără să zâmbești!

Dar ce înseamnă acest zâmbet? Că te iubești sau nu suficient...? În funcție de zâmbetul reflectat în oglindă, trist sau vesel, vei ști cât mai ai de lucrat pentru a ajunge să te iubești și să te accepți cu noua ta personalitate de pisică!

CA SĂ FII IUBIT,
TREBUIE SĂ ÎNCEPI PRIN
A TE ACCEPTA ȘI A TE IUBI TU ÎNSUȚI!

MOMENT DE REFLECȚIE!

**„PISICILE, FEMEILE
ȘI MARII CRIMINALI
AU CEVA ÎN COMUN:
REPREZINTĂ UN IDEAL INACCESIBIL
ȘI AU O CAPACITATE
DE A SE IUBI PE SINE
CARE NE FACE SĂ NE SIMȚIM
ATRAȘI DE EI."**

SIGMUND FREUD

PISICA ȘTIE SĂ SE PUNĂ ÎN VALOARE, ESTE MÂNDRĂ

„Nu există pisici banale."

SIDONIE-GABRIELLE COLETTE

Confundăm adesea stima de sine cu încrederea în sine. Deși aceste două noțiuni se intersectează și se completează reciproc, poți, foarte bine, să ai încredere în tine și, totuși, să ai o stimă de sine scăzută, și invers.

Ți se pare neclar? Atunci să spunem, de exemplu, că excelezi în domeniul comerțului, că ai o încredere absolută în talentul tău de a vinde produse și servicii, că ai încredere în tine pe teren. Cu toate acestea, în fiecare zi îți spui că activitatea pe care o desfășori nu te împlinește, că nu servește la nimic, că ai lucruri mai bune de făcut în această viață, dar că... Asta înseamnă că îți lipsește stima de sine.

Situația inversă, pentru a te ajuta să înțelegi cum stau lucrurile, constă în a spune că muzica este pasiunea ta, că ești un muzician talentat, că ești conștient de asta, dat fiind feedbackul pe care ți-l oferă fanii, dar că îți este greu să devii vizibil în industria de profil, pentru că pe scenă... Vorbim tot de lipsă de încredere în sine.

Ești mândru de ceea ce ești? De ceea ce faci?

Imaginea pe care o ai despre propria persoană în ceea ce faci, în ceea ce ești, este la fel de importantă ca încrederea în sine. Dacă ești în armonie cu ceea ce îți dorești, cu nevoile și visurile tale, stima de sine și încrederea în sine merg adesea mână-n mână și se confundă, ajutându-te să atingi gradul maxim de împlinire personală și cel mai înalt grad de fericire.

Ce se poate spune despre pisici în privința stimei de sine, în privința mândriei pentru ceea ce sunt, pentru ceea ce fac? Indiscutabil, atitudinea pisicilor nu poate decât să ne inspire, într-atât sunt de mândre că sunt pisici, cu toate avantajele acestui „statut"!

Pisica este unică și o știe, nu are nevoie să facă mai mult pentru a se convinge pe sine sau pentru a demonstra acest lucru asistenței.

Pisica are încredere în ea însăși și o mare stimă de sine. Ce ar mai trebui să dovedească? Și cui? Simpla ei prezență este de-ajuns!

Motiv suficient și necesar pentru a putea și tu să te pui în valoare cu mândrie. Să fii, pur și simplu, o pisică!

FII MÂNDRU DE CINE EȘTI!
ASTFEL, VEI FI EXCEPȚIONAL!

MOMENT DE REFLECȚIE!

**„ORICINE ARE O
CÂT DE MICĂ EXPERIENȚĂ
CU PISICILE ȘTIE FOARTE BINE:
PISICILE MANIFESTĂ
O RĂBDARE INFINITĂ
FAȚĂ DE LIMITELE MINȚII OMENEȘTI."**

Cleveland Amory

PISICA ESTE MEREU ÎN CENTRUL ATENȚIEI

„Stând în preajma pisicilor nu ai decât de câștigat."

SIDONIE-GABRIELLE COLETTE

Deși, în aparență, pisica este tăcută, calmă și pare să spună „nu mă atinge!", ea caută întotdeauna, atunci când îi plac oamenii care o înconjoară, să fie în centrul atenției. Trecând de pe genunchii unei persoane pe genunchii celeilalte, făcând nazuri, mergând până la a se freca de picioarele singurei persoane din grup care nu prea îndrăgește pisicile, ca pentru a o sfida...

Nimeni nu scapă de prezența ei, nici măcar cei mai reticenți. Pisica este rege în casă, fiind centrul atenției în timpul reuniunilor între prieteni – un joc care îi face mare plăcere.

Și ce anume face pentru a fi în centrul atenției? Imploră? Miaună? Din lipsă de experiență, pisoii pot face asta în primele luni de viață. Însă pisica matură se va mulțumi să vină tiptil spre tine, clipind, hipnotizându-i pe musafiri, unul câte unul, în numai câteva secunde... Oferindu-le „șansa" să o poată mângâia, oferindu-le puțină blândețe și atenție, binevoind să-i privească... Chiar și pisica pe care o vedem pentru prima dată va ajunge să ne acapareze atenția prin amabilitatea ei de a veni calm spre noi, de a se lăsa atinsă și de a se preface (uneori) că îi face plăcere, doar pentru a ne atrage și mai mult atenția.

Instinctiv, atunci când întindem mâna către pisică, toți încercăm să dobândim ceva... impalpabil... Un strop de calm, de seninătate... Pisica știe, se uită la noi... Ne lasă s-o mângâiem, ne lasă să ne liniștim... pentru că, aproape fără excepție, toți suntem cu zâmbetul pe buze atunci când mângâiem o pisică!

Ce a făcut ea, la urma urmei, pentru a fi în centrul atenției?

A dăruit. Prin felul ei de a fi, prin simplul fapt că s-a prezentat în fața noastră ca un cadou liniștitor, pe care îl putem atinge... A dăruit, pur și simplu!

Brusc, preț de câteva clipe – cât am mângâiat-o –, nu am mai ascultat nimic din ceea ce se povestea în jurul mesei, ca și cum am fi fost hipnotizați... De ce? Pentru că interesul pe care pisica l-a manifestat față de noi, vitalitatea și seninătatea pe care ni le-a dăruit în acel moment valorau mai mult decât orice remarcă metafizică, reflecție filozofică sau altă dezbatere exagerată!

PENTRU A CAPTA ATENȚIA,
FII IZVOR,
FII CENTRU DE GRAVITAȚIE
PENTRU APROPIAȚII TĂI.
DĂRUIEȘTE!

PISICA NU SE SINCHISEȘTE DE PĂRERILE CELOR DIN JUR

„Pisicile știu foarte bine cine le iubește și cine nu, dar le pasă prea puțin de asta ca să schimbe atitudinea oamenilor față de ele."

WINIFRED CARRIERE

Am fost amuzat să constat, adesea, că pisicilor le este absolut indiferent dacă sunt sau nu apreciate, fie de alte pisici, fie de oameni.

Caracterul lor independent, solitar, faptul că sunt extrem de selective în alegerea ființelor de care se atașează, fie că vorbim despre oameni sau despre alte animale, le face să accepte firesc și cu mare plăcere faimosul „mod în care ne percep ceilalți", căruia noi, oamenii, îi exagerăm, uneori, importanța.

Pisica nu se sinchisește de nevoia de a fi iubită, apreciată, admirată sau, cel puțin, acceptată de „ceilalți": ea se bucură de viață, pur și simplu. În acest sens, modul în care se vede pe sine îi este de-ajuns.

Desigur, nu putem trăi ignorând complet părerile celorlalți. Nu despre asta este vorba. Însă balanța dintre stima de sine și interesul pentru modul în care ne percep ceilalți tinde, adesea, să încline către cel din urmă, în loc să existe un echilibru între cele două.

Avem nenumărate dovezi, în jurul nostru și în mass-media, că oamenii fac orice pentru a oferi o imagine cât mai bună despre ei. Imaginea de sine a devenit un cult, nu pentru noi înșine, ci pentru ca ceilalți să ne perceapă așa cum ne dorim. Nu există amăgire de sine mai mare ca aceasta!

Să pari *cool*, să pari tânăr, să pari bogat, să pari inteligent, să pari tolerant, să pari amuzant, să pari deschis la minte, să pari, să pari, să pari... Laitmotivul acestor ultime decenii, care se înflăcărează de la o modă la alta, de la telerealitate la prefăcătorie...

Să pari talentat, la fel cum pari cinstit, până când ajungi să te convingi de asta, să te minți definitiv. Pentru că tot ce contează – într-atât de mult balanța înclină în favoarea modului în care ne percep ceilalți – este, într-adevăr, îmbrățișarea, acceptarea de către majoritate, moda, tendințele... Ceea ce trebuie să arăți, să pari, contează mai mult decât ce trebuie să fii... Este mult mai important decât să fii tu însuți. Mult mai important decât ce ar putea cu adevărat să te facă fericit, la urma urmei.

Suntem prea des supuși dictaturii sociale privind modul în care trebuie „să părem" și ce trebuie „să avem", în timp ce pisica nici nu se sinchisește de așa ceva!

Chiar și atunci când trăiește mai mult sau mai puțin în grup domesticit sau în sălbăticie, pisica nu copiază niciodată atitudinea unuia sau altuia dintre semenii ei. Ea rămâne așa cum este, cu propriile dorințe, propriul caracter și propriile nevoi, fără să se gândească vreo clipă că ar trebui să se plieze pe vreun tipar social, ori să afișeze și să transmită o anumită imagine despre sine, pentru a se conforma dictaturii unei majorități adesea lipsită de repere.

Pisica nu are nevoie de confirmări, înainte de toate este fidelă sieși, iar noi am face bine – din punct de vedere social – să ne inspirăm din atitudinea ei, chiar și numai ca să nu trăim într-o mare nivelare de gânduri (unice), de modă fără strălucire (cenușie), de discursuri (convenționale) și de o moralitate (curățică) îndoielnică.

Pisica nu are nevoie de confirmări, iar noi ar trebui să facem la fel, chiar și numai pentru a ne reconecta la propriile dorințe, chiar și numai pentru a ne face fericiți ascultând de vocea discretă care ne repetă fără încetare:

NU TE MAI GÂNDI LA CUM TE PERCEP CEILALȚI!
RĂMÂI TU ÎNSUȚI!

PISICA ESTE CURIOASĂ DIN FIRE

„Curiozitatea este baza fundamentală a educației. Dacă îmi veți spune «curiozitatea a ucis pisica», vă voi răspunde simplu: «pisica a avut parte de o moarte nobilă».”

ARNOLD EDINBOROUGH

Pisica are o curiozitate înnăscută. De când reușește să iasă din coșulețul ei, alunecând pe parchet, scotocește peste tot, miroase, studiază cu mare atenție toate obiectele, locurile noi, neexplorate încă.

Spre deosebire de câine, pisica nu se aruncă inconștient asupra oricărei noutăți. Ea înaintează prudent, fără să piardă din ochi noua pungă din hârtie, noua ascunzătoare necunoscută.

Manifestă o curiozitate uriașă care îi redescoperă neîncetat propriul univers. Pentru pisică, fiecare zi este o nouă descoperire, o bucățică de „extraordinar" pe care nu încetează să-l alimenteze prin curiozitatea ei.

Avem tot interesul să ne inspirăm de la pisici pentru a învăța câte puțin în fiecare zi și pentru a fi uimiți mai des.

Unii oameni sunt observatori mai fini decât alții. Unii sunt mai avizi de noi descoperiri decât ceilalți. Noul este o componentă a stării noastre de bine, ne hrănește spiritul. Avem nevoie de nou așa cum avem nevoie de aer, fără el ne ofilim puțin câte puțin.

Pentru cei care nu știu cum să-și cultive curiozitatea – este ca o infuzie de bună dispoziție pentru toată ziua –, există un principiu simplu ce trebuie respectat: învățați ceva nou în fiecare zi.

„One knowledge, one day."

Nu contează aplicabilitatea, importanța sau valoarea noii cunoștințe pe care o dobândești. Uneori, poate fi un singur cuvânt. Ceva ce nu vei uita niciodată.

Poate părea simplu, însă ceea ce contează, dacă nu ai neapărat înclinație pentru a afla în permanență lucruri noi, este să faci acest exercițiu pe termen lung. Pentru că un moment de curiozitate pe zi înseamnă 365 de cunoștințe noi într-un an și, crede-mă, asta va face diferența, atât pentru nivelul tău de cultură, cât și pentru starea ta de bine!

FII CURIOS!
ÎN LEGĂTURĂ CU ORICE!
VIAȚA TA SE VA ÎMBUNĂTĂȚI!
GĂSEȘTE MEREU MOTIVE DE UIMIRE!

O ZI DIN VIAȚA UNEI PISICI

ORA 8:15 – TOALETA!

- După ce și-a astâmpărat foamea la micul dejun, o vei vedea cum începe să se lingă pe îndelete. Și pentru tine este timpul să faci un duș.
- Toată lumea cunoaște dușul în mare viteză, când ești în întârziere! Se întâmplă chiar să așteptăm doar să vină apa caldă și am și intrat la duș. Repede, repede! Trebuie să fim cât mai rapizi! Suntem în întârziere! În tot acest timp, pisica își linge alene lăbuța din spate, apoi trece la cealaltă... Fără nicio grabă!
- Dincolo de igienă, dușul este unul dintre acele momente din zi când putem și chiar TREBUIE să avem grijă de noi înșine. Ne ajută să ne relaxăm, să ne destindem.
- Dușul de dimineață este și un moment excelent pentru a da frâu liber gândurilor și a ne lăsa creierul să înțeleagă treptat ce avem de făcut în timpul zilei.
- Adesea, femeile se pricep mai bine decât bărbații să se îngrijească. Dovadă sunt acele momente lungi pe care bărbații nu le înțeleg întotdeauna, când femeile petrec trei ore în baie! O adevărată atitudine de pisică, pe care o adoptă adesea la sfârșit de săptămână, când au grijă de ele însele înainte de toate. Jos pălăria, Doamnelor, chiar dacă, uneori, asta ne cam enervează! Aveți, însă, un scop nobil: propria stare de bine și plăcerea noastră vizuală!

PISICA ESTE IN-DE-PEN-DEN-TĂ

„Să câștigi prietenia unei pisici este un lucru greu. Pisica este un animal filosofic, serios, liniștit, fidel obiceiurilor sale, adept al ordinii și al curățeniei și care nu-și dăruiește afecțiunea necugetat: vrea să-ți fie prieten – dacă meriți –, însă nu sclav."

THÉOPHILE GAUTIER

Independența este una dintre principalele trăsături ale pisicii. Ea nu se supune niciunei ierarhii, nu are nevoie de nicio structură de viață în grup, în haită, ca în cazul altor animale.

Nu poate renunța vreodată la independență. Departe de orice tip de grup, pisica trăiește cum vrea ea, fără să aibă nevoie de confirmare din partea semenilor și încă și mai puțin din partea oamenilor!

Cum se explică o asemenea independență ca formă de existență?

Fiind independentă, pisica nu are de dat socoteală nimănui, acționează doar după bunul plac, fără presiuni din exterior, fără obligații sociale ori priviri acuzatoare... Această independență care nu se negociază este însăși baza libertății ei.

Dependența de ceilalți, fie ea în viața personală sau în cea profesională, nu face decât să ne supună unor constrângeri care nu sunt întotdeauna în armonie cu dorințele noastre.

Cu toate acestea, prin însăși natura noastră, nu putem fi complet independenți, asemenea pisicilor. Omul s-a apropiat mereu de semenii săi, pentru a trăi în grup. Totuși, ar trebui să evaluăm periodic gradul de dependență și independență din viața noastră, punându-ne, din când în când, câteva întrebări:

Cât de independent sunt în plan financiar?

Sunt în stare să suport câteva luni de singurătate, fără să simt o nevoie compulsivă de a mă simți iubit și dorit clipă de clipă, fără să trebuiască „să colecționez” relații fără viitor doar pentru a-mi umple golul afectiv?

Sunt singura persoană care ia deciziile importante din viața mea sau acestea sunt influențate sistematic de nevoile diferite ale partenerului meu, ale părinților sau copiilor mei?

Cât sunt de dependent de munca mea, în raport cu veniturile pe care mi le aduce? M-am îndatorat într-atât de mult încât nu am de ales și trebuie să fac nenumărate ore suplimentare, să lucrez în weekend și în zilele libere legale?

Sunt atât de dependent de partenerul meu încât sunt în stare să accept și să îndur orice, suportând chiar să mă umilească fără să ripostez?

Membrii anturajului meu sunt atât de importanți pentru mine încât nu îndrăznesc să-i contrazic prin acțiunile sau părerile mele, de teamă să nu-i supăr, să nu-i pierd?

Sunt obligat să suport toanele șefului pentru a-mi păstra serviciul, deși în altă parte mă așteaptă un post mai bun – trebuie doar să-mi depun candidatura?

Cât de mult îmi afectează viața dependențele pe care le am – indiferent că este vorba despre fumat, alcool, droguri, mâncare sau sport? În ce măsură îmi determină activitățile și dorințele?

Cât de atașat sunt de aceste dependențe?

În ce măsură îmi guvernează viața?

În ce măsură mai sunt stăpân pe viața mea?

Iată o serie de întrebări pe care ar trebui să ni le punem periodic, poate chiar începând de astăzi, pentru ca fiecare dintre noi să conștientizeze propriul nivel de dependență.

Este știut: cu toții ne confruntăm, mai mult sau mai puțin, cu o formă de dependență în viața personală și profesională.

Esențial este să înțelegem în ce măsură suntem dependenți.

Când tragem linie, ce punem în balanță? Ce anume ne produce starea de bine?

Nu putem trăi complet independenți, precum pisica, însă suntem datori față de noi să corectăm anumite dependențe pe care avem cu toții tendința să le lăsăm să pătrundă în viața noastră, uneori inconștient...

STRĂDUIEȘTE-TE SĂ-ȚI RECÂȘTIGI MĂCAR UN STROP DE INDEPENDENȚĂ, PE TOATE PLANURILE.

ASTFEL, ÎȚI VEI CUCERI LIBERTATEA.

„Sunteți convinși că nu facem nimic toată ziua, pentru că nu avem nevoie să ne agităm așa cum faceți voi în permanență?

De fapt, contrar a ceea ce credeți, suntem foarte folositoare omului.

Iată cum: atunci când vă întoarceți de la serviciu, stresați, plini de toane, de energii negative pe care le-ați absorbit peste zi fără să vă dați seama, cine credeți că are grijă să vă elibereze de toate acestea?

De ce după numai câteva clipe în compania noastră, după ce ne-ați mângâiat, vă simțiți mai bine ca prin minune? Din ce în ce mai liniștiți?

Acesta este rolul nostru, al pisicilor. Atunci când ne atingeți, noi absorbim din voi toate vibrațiile negative care vă fac atât de triști, de nervoși, de dezagreabili. De altfel, voi vă dați seama de asta și credeți că simpla noastră prezență este liniștitoare, însă noi facem mult mai mult de-atât, fără ca voi să bănuiți aceasta nici măcar o secundă.

În fiecare zi, vă apărăm de toate relele din viața voastră, pentru că vă iubim."

ZIGGY

PISICA ARE ÎNCREDERE ÎN SINE

„Diferența dintre un câine și o pisică.
Câinele se gândește: «Oamenii îmi dau de mâncare, au grijă de mine – cred că sunt zei».
Pisica se gândește: «Oamenii îmi dau de mâncare, au grijă de mine – cred că sunt o zeiță».”

IRA LEWIS

Așa cum am menționat în capitolul despre mândrie și stimă de sine, încrederea în sine este și ea una dintre principalele calități înnăscute ale pisicii.

Ai văzut vreodată o pisică introvertită, nesigură de ea? Niciodată! Pisica este mândră, este cea mai bună și o știe. „Nu ești cel mai bun atunci când crezi asta, ci când o știi", spune o zicală. Așa funcționează încrederea în sine. Diferența între *a crede* și *a ști* poate părea insesizabilă, însă este importantă!

Încrederea în sine ține atât de acceptarea a ceea ce suntem de fapt, după cum am mai spus, cât și de mândria de a fi ceea ce suntem, pe măsura talentelor noastre sau a sistemului nostru de valori.

În cazul pisicii, încrederea în sine înseamnă, de exemplu, să vină spontan către noi spunându-și: „știu că mă iubești" și nu „oare astăzi mă mai iubești?"

Prin urmare, siguranța pe care o manifestă face și ea parte din aura pisicii, din charisma, farmecul, frumusețea ei și explică de ce o iubim.

Mult prea mulți oameni suferă de lipsă de încredere în sine, în timp ce alții au prea multă, uneori fără motiv.

Toate aceste capitole se leagă unele de altele și se intersectează, după cum probabil ți-ai dat seama, căci deplina încredere în sine ține de un mănunchi de abilități, voit segmentate în acest volum pentru a putea fi înțelese mai bine, însă care sunt interconectate...

Da, trebuie să te iubești ca să ai încredere în tine, trebuie să fii suficient de independent, de autonom, să te fi eliberat de obsesia „gura lumii" etc.

Încrederea în sine nu este o poveste frumoasă, ci o învățătură, o sumă de calități pe care pisica le posedă, o serie de abilități pe care trebuie să ni le însușim, una câte una, și care ne ajută să acționăm și să trăim mai bine în fiecare zi.

Oamenii care au încredere în ei sunt „în centrul atenției", „liberi" și „charismatici"... Mulți dintre ei sunt adesea fericiți, pentru că au știut să cultive toți parametrii care le-au permis să-și dezvolte, de-a lungul timpului, încrederea în sine.

Urmează exemplul pisicii și vei fi tu însuți.

„AI ÎNCREDERE ÎN TINE!”
AR FI UȘOR DE SPUS ÎNTR-O ASTFEL DE CARTE.
ÎNSĂ POT SĂ-ȚI GARANTEZ CĂ,
DACĂ VEI ACORDA ATENȚIE DIFERITELOR ASPECTE
CARE FORMEAZĂ ÎNCREDEREA ÎN SINE,
ASEMENEA PISICII,
ÎN VIAȚA TA VOR APĂREA
BUCURII ȘI VICTORII CARE O VOR GENERA FIRESC!

PISICA ȘTIE SĂ DELEGE SARCINI

„Pisica este șmecheră și o știe prea bine."

TOMI UNGERER

Ești genul care își cocolosește apropiații și se pune în slujba tuturor? Sau, din contră, consideri că totul ți se cuvine, că toți trebuie să ți se supună și să răspundă la cea mai mică solicitare din partea ta?

Uneori, să nu cazi în excese, ci să știi, asemenea unei pisici, să-i faci pe ceilalți să te servească, îți poate fi de un real ajutor.

Este știut că pisica nu face nimic. Își petrece timpul făcându-i pe alții să o servească! Ea este regina!

Nu spun să copiezi întru totul această atitudine regală și dominatoare, dar nici nu trebuie să fii sclav, în slujba familiei clipă de clipă! Să răspunzi la toate așteptările, capriciile, dorințele copiilor și ale partenerului nu este chiar cel mai relaxant lucru cu putință!

Învață, asemenea pisicii, să-i faci pe alții să te servească și începe prin a delega sarcinile cotidiene mărunte. Nu fi servitorul sau bona permanentă a copiilor. Le va prinde bine să-i ajuți puțin să devină autonomi, delegându-le anumite treburi domestice, pentru a asigura buna funcționare a gospodăriei!

Vei câștiga timp, vei fi mai eficient, mai puțin obosit și stresat! Este esențial să știi să delegi sarcini. Pentru asta, însă, trebuie să le ceri celorlalți să facă anumite lucruri și să nu le mai faci tu în locul lor... sau pentru că merge mai repede dacă...

Este valabil și pentru directorii de companii, doar arareori capabili să aibă încredere, să delege sarcini, simțind permanent nevoia să verifice și să valideze activitatea fiecărei persoane din subordine... Este un obicei prost care se transformă în sistem, pentru că, astfel, fiecare angajat, fiind înconjurat cu atât de multă grijă „maternă", va dori validare pentru fiecare virgulă... Ceea ce se traduce în ore și autonomie pierdute, precum și în muncă suplimentară pentru șeful care, poate, ești chiar tu!

Înainte de toate, învățând să delegi sarcini, îți rezervi timp pentru tine, pentru a face ceea ce dorești, în loc să fii permanent sclavul nevoilor cotidiene ale persoanelor din anturaj.

Și apoi, delegarea sarcinilor nu este oare o dovadă de încredere pe care le-o oferim apropiaților, angajaților, partenerului, copiilor noștri? Este un alt mod de a vedea lucrurile...

Ar fi prea mult să afirmăm că este spre binele nostru faptul că pisica îi face mereu pe alții să o servească! Deși...

FII CA O PISICĂ, ATÂT LA SERVICIU, CÂT ȘI ACASĂ: ÎNVAȚĂ SĂ DELEGI SARCINI!

MOMENT DE REFLECȚIE!

**„CÂINII
AU STĂPÂNI,
PISICILE
AU SERVITORI."**

Dave Barry

O ZI DIN VIAȚA UNEI PISICI

ORA 8:45 – O DIMINEAȚĂ TIHNITĂ

- Când tu trebuie să pleci la serviciu, pisica are chef să iasă la plimbare. De altfel, cine știe cu adevărat cum își petrece ziua o pisică?
- Iese din casă val-vârtej? Nu. Pășește alene, de cele mai multe ori rămânând cu coada în deschizătura ușii, în timp ce inspiră aerul dimineții. Ceea ce pe ea o amuză, iar pe tine te enervează, pentru că nu poți închide ușa!
- De ce, în acel moment, te grăbești, doar pentru ca apoi să te întorci după chei sau după dosarul pe care l-ai uitat acasă? Fii zen! Dacă ești organizat, nu ai de ce să te grăbești! Uită-te la pisica ta, tocmai a traversat liniștită aleea... Alergând de colo-colo, în dezordine, nu faci decât să pierzi timp și să te stresezi.
- Starea ta de bine depinde de calmul de care dai dovadă pe tot parcursul zilei. În loc să fii mereu pe fugă și să te umpli de stres și anxietate, fii pragmatic, calm și organizat. Vei lucra la fel de repede și de bine.
- Asemenea pisicii, este mai bine să-ți începi ziua cu pași siguri și liniștiți și să-ți rezervi câteva clipe pentru a te bucura de primele raze de soare, ridicându-ți ochii spre cer, așa cum face ea... și să zâmbești.

PISICA ȘTIE SĂ-ȘI ACORDE TIMP PENTRU A SE BUCURA DE VIAȚĂ

„Dintre toate animalele,
numai pisica a ajuns să aibă
o viață contemplativă."

ANDREW LANG

Văzând-o cum stă și admiră peisajul, în șezut sau întinsă, scrutând cele mai fine detalii, am putea crede că pisica este o mare leneșă care nu face nimic toată ziua! E adevărat... din perspectiva noastră umană!

Între a nu face nimic și a-ți acorda timp să te bucuri de viață, deosebirea nu este decât o apreciere... tipic umană.

În societatea zilelor noastre, a nu face nimic, a fi înclinat spre plăcerile simțurilor, a contempla, a respira... a observa, a-ți acorda timp să te bucuri de viață este văzut ca o atitudine aproape suspectă! Trebuie să fii în mișcare, să exploatezi fiecare clipă, să o umpli, să ai cât mai multe misiuni, activități, să nu „pierzi timpul"! Aceasta este normalitatea, regula aproape impusă după care se conduce societatea!

Când observ agitația permanentă, aproape nevrotică a unora dintre contemporanii mei, nu mă pot abține să nu trec de partea pisicii, care pare să se amuze văzând cum ne dăm sufletul pe o bicicletă de apartament, în timp ce răspundem la telefon și urmărim, simultan, știrile... Este rândul ei să ne ia drept niște țicniți, la cum ne agităm!

Să-ți acorzi timp ca să te bucuri de viață nu înseamnă să-ți ocupi fiecare clipă, având sentimentul difuz al fricii de moarte: să știi că ai văzut tot, că ai făcut tot înainte de a muri...

Să-ți acorzi timp să te bucuri de viață înseamnă, din contră, să conștientizezi fiecare clipă care trece, să ții seama de ea, să ți-o însușești, pentru a te cufunda mai bine în ea și pentru a te bucura de ea până în cea mai mică fracțiune de secundă...

Aceasta este atitudinea unei pisici. Adesea, la prima vedere poate părea că nu face nimic. Nu are nicio noțiune a timpului (cel puțin nu în sensul în care înțelegem noi timpul), nici vreo noțiune a morții care o așteaptă și pe care nu o anticipează niciodată, până în ultima clipă a vieții sale. (Cu excepția ipotezei în care cunoaște deja, cu inteligența ei înnăscută, lumea de dincolo, ceea ce ar putea să explice, la fel de bine, atitudinea ei liniștită în lumea celor vii, însă aceasta este o altă poveste...)

Să-ți acorzi timp să te bucuri de viață înseamnă să știi să profiți la maximum de ea și nu să acumulezi, printr-o planificare la minut, tot ce „trebuie să fi făcut", tot ce „trebuie să fi văzut", tot ce „trebuie să fi vizitat"... Pentru unii, până și vacanțele au devenit o cursă epuizantă, contracronometru, mai rău ca o săptămână de lucru!

Relaxează-te, liniștește-te, observă... Urmează exemplul pisicii și simți cum devii mai senin...

**CUNOȘTI ZICALA:
„ȚI-AI ACORDAT TIMP SĂ TE NAȘTI,
ACUM ACORDĂ-ȚI TIMP SĂ MORI!"
PENTRU ASTA, FĂ PRECUM PISICA:
ACORDĂ-ȚI TIMP SĂ TE BUCURI DE VIAȚĂ!**

PISICA SE ADAPTEAZĂ RAPID LA ORICE

„Pisica e precum sosul bolognez:
cade mereu... în picioare."

PHILIPPE GELUCK

Ziggy, o pisică asemenea tuturor celorlalte, are, totuși, o vulnerabilitate față de suratele ei: îi lipsește lăbuța dreaptă din față, după ce a fost accidentat de o motocicletă în primul an de viață.

Cu toate acestea, când trăiam la țară, avea propriul teritoriu, pe care-l apăra de ceilalți motani, avea pisicuțe de cucerit, instincte de vânătoare de satisfăcut și chiar și o ureche la care nu mai putea ajunge cu lăbuța pentru a-și face toaleta!

Pentru ședința zilnică de scărpinat după ureche, era simplu: venea să se frece de mine până când era mulțumit de rezultat!

Am fost impresionat să văd cum, în două săptămâni, a trecut de la patru la trei lăbuțe și s-a descurcat la fel de bine! După ce i-a fost scos pansamentul, bineînțeles!

Nu a rămas niciodată blocat în fața unui obstacol care trebuia trecut, în fața unui zid sau a unui gard care trebuia escaladat. Pentru el, nimic nu se schimbase și, totuși, cu o lăbuță în minus, nimic nu mai era la fel.

Impresionat de capacitatea lui de a se adapta, l-am urmărit mult timp pentru a vedea cum anume procedează și, într-adevăr... erau câteva diferențe, aproape imperceptibile. Când alerga, nu mai înainta ajutându-se de labele din față, ca o felină, ci își lua avânt folosindu-se de labele din spate, ca un iepure! Și atingea o viteză uimitoare!

În ceea ce privește intrușii care, văzându-l cu lăbuța astfel amputată, își spuneau că puteau lejer să vină să se plimbe prin grădină fără nicio teamă: cât de mult se înșelau! Și în privința lor Ziggy adoptase o tehnică proprie: în loc să fugărească motanul mare venit să-l sfideze, se posta în mijlocul grădinii și stătea nemișcat, lăsându-l să se apropie, în timp ce acesta se deplasa în cerc în jurul lui, apropiindu-se tot mai mult... Când inamicul era suficient de aproape, Ziggy se ridica pe labele din spate ca un cangur, cu lăbuța din față în gardă, ca un boxer, și îl lăsa pe celălalt să înainteze încă puțin... Motanul cel mare nu pricepea această atitudine neobișnuită pentru o pisică și doar înainta cam neîncrezător... Urmăream, hipnotizat de calmul lui Ziggy, această postură de boxer... Când motanul cel mare ajungea lângă el, Ziggy îi aplica o lovitură puternică de dreapta, care îl amețea! (Fiind nevoit să se ajute numai cu o singură lăbuță din față, Ziggy făcuse mușchi, nu glumă!) Surprins, motanul cel mare dădea înapoi și de-abia atunci Ziggy îl lua la fugă pentru a-l izgoni de pe teritoriul său! Eram siderat! Numai arareori era nevoie să facă mai mult pentru a-i pune pe fugă pe toți cei care încercau să se apropie de casă. Upercutul fulgerător, de adevărat boxer, își făcea întotdeauna efectul!

Cât despre pisicuțe, altfel stăteau lucrurile, căci seducția și jocul ce preced împerecherea fiind puțin cam brutale la feline – am văzut cu ochii mei –, lui Ziggy îi venea greu să se mențină în echilibru pe spatele unei pisici! (Moment important!)

Totuși, pisica vecinei (nu este doar o melodie![1]), un pic îndrăgostită de Ziggy, a înțeles repede că, urmând regulile obișnuite ale jocului, el nu ar putea să o țină de ceafă, așa cum se întâmplă la pisici, și să stea pe ea fără să cadă... Așa că, atunci când dorința începea să plutească în aer, se posta în fața lui Ziggy, pe burtă și cu posteriorul în aer, așteptând nemișcată! Norocosului nu-i rămânea altceva de făcut decât să savureze clipa!

Pisicile ne întrec în multe privințe, inclusiv prin capacitatea lor de a se adapta, iar în cazul acestei femele, prin istețimea lor.

Ziggy nu s-a lăsat niciodată descurajat de handicapul său, continuând să trăiască exact ca înainte. Lăbuța lipsă nu l-a împiedicat să se cațere pe vreo scară ori în vreun copac... Oare noi am fi capabili de așa ceva? Noi, oameni slabi de înger, care plângem atât de des pentru dureri fizice mult mai mici?

---

[1] Aluzie la melodia „Le Chat de la voisine", a lui Yves Montand. (*n. trad.*)

Pisicile dau dovadă de o capacitate de adaptare fizică de invidiat...

Când am părăsit casa de la țară, am plecat să locuiesc în centrul orașului, în Lyonul vechi. Pentru Ziggy, asta însemna un nou habitat, alte condiții de viață, nu mai avea grădină, ci o străduță care devenea liniștită după ora 23 și unde se aflau vechi ateliere cu fantă pentru pisici... Era bucuria lui. După ce s-a adaptat la noul mediu, sărea pe fereastră și își petrecea jumătate din noapte vânând șoareci!

Și, ca să închei discuția despre capacitatea de adaptare la un mediu nou, trebuie să spun că astăzi locuim pe o ambarcațiune, tot în Lyon. Pur și simplu, a trebuit să gestionez cumva atracția lui Ziggy pentru rațele care treceau pe acolo, astfel încât să nu sară în râul Saône! La început, a fost puțin copleșit de imensitatea întinderii de apă de jur împrejur... Dar, după câteva zile, ca un nou stăpân al locurilor, pășea maiestuos pe acoperișul ambarcațiunii, în punctul cel mai înalt, supraveghindu-și noul teritoriu de la postul de comandă, patrulând prin spațiile libere. Apoi, dorind din nou să-și extindă domeniul, începu să coboare treptele de la scară pentru a merge să se plimbe pe chei, să-și facă nevoile în iarbă și să supravegheze de foarte aproape rațele rătăcite care se apropiau de mal!

Capacitate de adaptare fizică, capacitate de adaptare la mediu – pisicile sunt maestre în domeniu! Chiar dacă nu suportă să le schimbăm obiceiurile și cadrul de viață, vor fi capabile să facă orice pentru a-și recrea coconul necesar stării de bine, obiceiurile unei vieți plăcute, propriul univers.

Capacitatea de adaptare a pisicilor este o adevărată dovadă de inteligență!

DE UNDE PROVINE CAPACITATEA DE ADAPTARE A PISICILOR?
SĂ FIE OARE PENTRU CĂ IUBESC VIAȚA?
PENTRU CĂ SE IUBESC PE ELE?
AMBELE, CRED!
SĂ ÎNVĂȚĂM DE LA PISICI!

MOMENT DE REFLECȚIE!

„DACĂ S-AR PUTEA FACE O ÎNCRUCIȘARE ÎNTRE OM ȘI PISICĂ, OMUL AR DEVENI MAI BUN, ÎNSĂ PISICA S-AR SĂLBĂTICI."

Mark Twain

PISICA IUBEȘTE LINIȘTEA

„Liniștea pisicilor este contagioasă."

Annie Duperey

„Lăsați-mă-n pace! Liniște! Calm! Aer!" Iată ce visăm toți să spunem uneori.

Suntem prinși permanent în vârtejul zgomotului, al claxoanelor, al stresului, al ușilor de la metrou care se închid, al soneriilor de telefon, al notificărilor de planificare, al întâlnirilor, al e-mailurilor... mișcare continuă, zgomotoasă, care ne uzează nervii.

Liniștea o ajută pe pisică să-și recapete forțele. Iubește liniștea, o prețuiește, o caută. Liniștea exterioară îi hrănește liniștea interioară. De ce nu facem și noi la fel?

De ce nu încerci să-ți acorzi zilnic câteva momente pentru a te cufunda într-o liniște absolută, într-un calm desăvârșit? Câteva momente în care să nu te asculți decât pe tine însuți, vocea ta interioară, inima ta care bate... Să-ți sporești pacea interioară, să o cultivi și să o întreții în fiecare zi, pentru a-ți regăsi liniștea exterioară... Să trăiești mai bine, pur și simplu.

Fă precum pisica, oricând ai ocazia: caută o clipă de liniște. Iar dacă mediul nu te ajută, fă tot precum pisica: izolează-te, fără să spui nimic, într-un loc știut numai de tine! Și nu reveni decât după ce ți-ai satisfăcut nevoia de liniște, după ce ți-ai refăcut rezerva de energie.

Putem suporta tot zgomotul lumii atât timp cât nu ne este impus prin constrângere, atât timp cât nu ne afectează liniștea interioară, alimentând un stres inutil.

A-ȚI CREA SISTEMATIC CONDIȚII PENTRU O STARE DE LINIȘTE

ÎNSEAMNĂ A-ȚI CREA CONDIȚII PENTRU O STARE DE BINE.

ESTE CEA MAI BUNĂ SOLUȚIE PENTRU EVITAREA SUFERINȚELOR!

PISICA ÎȘI ALEGE ANTURAJUL

„Niciodată nu alegem noi pisica.
Ea ne alege pe noi."

Philippe Ragueneau

Un lucru este sigur: pisicile nu se încurcă niciodată cu relații – fie cu alte pisici, fie cu oameni – care nu le convin. Își aleg pe sprânceană membrii anturajului, pe care îl vor îndrăgi, astfel, cu atât mai mult.

Atunci de ce noi, oamenii, ne petrecem o mare parte din viață suportând uneori persoane dezagreabile, care nu ne împărtășesc valorile?

De ce, din politețe și, uneori, din lașitate, ne forțăm să înmulțim manifestările de obediență și zâmbetele, irosindu-ne timpul și energia ca să întreținem, aproape de nevoie, toate relațiile care ne poluează viața?

Ar trebui să facem o selecție, precum pisicile. Ar fi mai simplu!

Să alegem cu cine ne întâlnim, cu cine ne petrecem timpul, pe cine iubim, cu cine vrem să ne petrecem viața.

Înainte de a te alege, o pisică îți testează afecțiunea, personalitatea, fidelitatea. Va accepta să-ți fie alături dacă vrea ea, dacă simte că ești esențial în viața ei actuală și pe viitor, și îți va rămâne fidelă, pentru că te-a ales.

Viața este prea scurtă pentru a ne-o petrece în compania unor idioți: oare, din când în când, suntem chiar atât de fraieri?

Prea fraieri, uneori, și nu o arătăm!

NU-I MAI SUPORTA PE DOBITOCI, ALEGE-ȚI RELAȚIILE, ALEGE-ȚI PRIETENII!

O ZI DIN VIAȚA UNEI PISICI

ORA 12:30 – PAUZA DE PRÂNZ

- Dacă pisica și-a petrecut dimineața plimbându-se, tu de ce nu ai face la fel?
- Prânzul într-o sală de relaxare anostă, fără culoare – nimic extraordinar! Nu e mai bine nici la cantina unde e mereu zgomot!
- Poți profita de pauza de prânz pentru a mânca în afara clădirii de birouri unde lucrezi.
- Ieși la aer, plimbă-te, visează cu ochii deschiși în fața vitrinelor sau într-un parc, pășește liniștit, așază-te pe o bancă pentru a mânca de prânz... Cel mai important este să ieși la aer, precum pisica. Plimbă-te în voie, inspiră adânc și bucură-te de frumusețile pe care ți le oferă împrejurimile și pentru care, de obicei, nu-ți acorzi timpul necesar să le privești!
- Plimbările sunt, cu siguranță, cel mai bun mod de a evada și de a-ți da șansa să descoperi lucruri frumoase, dar și să întâlnești alți oameni...
- Marea dragoste întâlnită la colț de stradă? Pentru a-ți crește șansele ca visul să devină realitate, este nevoie, totuși, să ieși dintre patru pereți.

PISICA ȘTIE SĂ SE ODIHNEASCĂ ȘI ÎI PLACE SĂ DOARMĂ

„Când îmi trezesc pisica,
are aerul recunoscător
al celui căruia i se dă ocazia
să se culce la loc."

MICHEL AUDIARD

Cunoști zicala: „Nu trezi pisica adormită!" Privește-o cum doarme, și doarme, și doarme... Tuturor ne place la nebunie să dormim... Atunci de ce să nu dormim de îndată ce ni se ivește ocazia?

De ce să nu preferăm scurta siestă regeneratoare urgenței reprezentată de vasele care trebuie „neapărat" să fie spălate, șterse și puse la loc imediat?

Învață să te odihnești asemenea pisicii, încredințează-te în brațele lui Morfeu de îndată ce ai ocazia... Știi, doar, că este atât de bine... Bine atât pentru minte, cât și pentru corp... Uită-te la pisică, cum clipește alene. Ea cunoaște de mult timp secretul...

Pisica, acest ilustru inventator al stării de *dolce farniente*, cultivă nu somnul în sine, ci plăcerea de a adormi la loc odată ce a fost trezită...

Somnul este una dintre marile plăceri din viața unei pisici. Trece de la somnul superficial la somnul profund în care o și vezi cum aleargă în vis. Somnul înseamnă odihnă, înseamnă să adormi, să te simți bine, să visezi... Nu ni se întâmplă oare, uneori, să avem vise în care ne-ar plăcea să putem zăbovi?

Ba da! Uneori chiar avem vise în care ne-ar plăcea să ne putem întoarce. Liniște!... Pătrundem într-o mică grădină secretă!...

BUCURĂ-TE DE SOMN,
NU TE VA ÎMPIEDICA ÎN NICIUN CAZ
„SĂ PROFIȚI DE VIAȚĂ”!
MAI ALES ÎN SENSUL UNEORI STUPID
PE CARE ÎL DĂM ACESTEI SINTAGME
ÎN ZILELE NOASTRE!

PISICA ȘTIE SĂ SPUNĂ „NU”

(ȘI O FACE ORI DE CÂTE ORI ESTE NEVOIE!)

*„Îmi plac mult pisicile.
Gândesc și își țin gândurile
numai pentru ele.”*

JEAN-MARIE GOURIO

Pisicile nu suportă să li se spună ce trebuie să facă. Să se supună vreunui ordin? În niciun caz!

„Pentru așa ceva, ia-ți un câine!", ar spune ele.

Cum sunt încăpățânate până în vârful gheruțelor, nu le vei determina să facă ceva în urma unui ordin decât arareori.

Dar cu noi cum rămâne? Ne plac ordinele? Bineînțeles că nu! Și, totuși, le primim cât este ziua de lungă, atât la serviciu, cât și acasă... Fără să mai punem la socoteală toate ordinele indirecte, reprezentate de toate codurile sociale cărora „trebuie" să ne conformăm întocmai!

Să învățăm să spunem „nu" – iată un alt aspect în care putem lua exemplu de la o pisică!

Să nu mai suportăm neîncetat nevoile celorlalți, să nu mai fim nevoiți să urmăm indicații care nu ni se potrivesc și care ne fac să trăim permanent într-o formă de supunere în care spunem mereu „da", când, de fapt, am vrea să spunem „nu". Indiferent că este vorba despre un mic serviciu, devenit un obicei de care nu mai poți scăpa, de o muncă suplimentară care ajunge să fie văzută ca ceva firesc de către superiorii și colegii din compania unde lucrezi, fără să primești, totuși, recompensa financiară cuvenită... Nu!

Să înveți să spui „nu" din când în când copiilor tăi, partenerului, șefului, prietenilor, nu din egoism, ci pentru a-ți păstra libertatea de acțiune și timpul. Pentru că, tot spunând „da" la tot, permanent, tuturor, cât timp îți mai rămâne pentru propria persoană, ca să-ți rezolvi treburile, dar și ca să faci ceva pentru sufletul tău?

A învăța să spui „nu" înseamnă să știi să-ți economisești timpul, să-ți conservi capacitatea de acțiune, viața, dar și să știi să te faci respectat de anturajul care, uneori, va profita pe nedrept de incapacitatea ta de a spune „nu".

Trebuie să restabilești echilibrul între ordine și mici servicii. Nimeni nu este obligat să fie permanent în slujba celorlalți.

„NU!... AM SPUS NU! S-A ÎNȚELES?"

MOMENT DE REFLECȚIE!

**„DEVIZA PISICII:
INDIFERENT CE AI FĂCUT,
ÎNCEARCĂ MEREU
SĂ DAI SENZAȚIA
CĂ E VINA CÂINELUI."**

JEFF VALDEZ

PISICA ȘTIE SĂ EVITE CONFLICTELE

(ATÂT CÂT SE POATE)

„Oamenii cărora le plac pisicile evită raporturile de forță.”

Anny Duperey

În afara cazului în care trebuie să-și apere teritoriul sau „să o curteze" pe pisica vecinei, aplicând o bătaie bună motanului care dă târcoale pentru a-și încerca norocul, pisicilor nu le plac conflictele.

Ai văzut vreodată bande de pisici care să se adune pentru a se confrunta între ele? Sub false pretexte de anexiune teritorială sau de apărare a resurselor naturale? Toată acțiunea fiind dirijată de două pisici mari cu însemne de conducători militari? Niciodată.

Pisicile, cu cât înaintează în vârstă, cu atât se folosesc mai mult de stratageme pentru a pune inamicul pe fugă, astfel încât să evite conflictul.

Ziggy are un șiretlic infailibil atunci când un motan mare pătrunde pe teritoriul său noaptea. Odată ce a simțit că se apropie pericolul, se ascunde și așteaptă. La început, noaptea, îl auzeam uneori mârâind tare și gutural (chiar ți se face teamă!). Ieșeam și vedeam o pisică zbughind-o prin grădină, în timp ce Ziggy rămânea invizibil. Îl strigam, dar nu venea.

I-am înțeles tehnica din întunericul casei: se ascundea în unghiul întunecat al pervazului exterior de la fereastră, în spatele câtorva crengi curgătoare de iederă și, intensificându-și mârâitul (fără nicio glumă:

ai fi zis că e un tigru!), îl avertiza pe intrus de eventuala sa statură, fără a se arăta nicio secundă. Dacă motanul rival rămânea prin preajmă, știa la ce să se aștepte pentru încăierarea ce avea să urmeze. În nouă cazuri din zece, stratagema funcționa. Motanul intrus o zbughea, Ziggy nu se mișca din postul său de observație înainte de a se fi asigurat că celălalt a ieșit de pe teritoriul său, apoi își relua rondul de noapte. Deși avea doar trei lăbuțe, șiretenia, strategia, crearea de aparențe false erau armele sale pe timp de noapte pentru evitarea conflictului.

Pisica nu este războinică și nici certăreață. Este mândră și, pe cât se poate, atât timp cât teritoriul nu îi este amenințat, evită întotdeauna încăierările. Este unul dintre principiile pe care le citisem în *Arta războiului* a lui Sun Tzu. Poate că și el se inspirase de la pisici, cu mai bine de cinci secole înaintea erei noastre... Păcat că cei mai „fini" strategi și conducători militari actuali nu mai știu să citească...

Pisica ne oferă o perspectivă interesantă asupra conflictelor, dacă ne gândim la confruntările militare pe cât de vechi, pe atât de inutile, dar pe care omul continuă să le înmulțească!

Într-un conflict, nu există decât doi perdanți, iar pisicile știu asta de mult timp.

EVITĂ CONFLICTELE, PE CÂT SE POATE!

PISICA ÎȘI ADORĂ LOCUINȚA ȘI ÎȘI MARCHEAZĂ TERITORIUL

„Iubesc pisicile pentru că îmi iubesc casa. Și pentru că ele devin, puțin câte puțin, sufletul vizibil al acesteia."

JEAN COCTEAU

Pisica își adoră locuința, indiferent de dimensiunea acesteia. Este domeniul său, ea este singura stăpână a locului. Unii oameni care trăiesc în compania unei pisici spun adesea, zâmbind: „Nu pisica locuiește la mine, ci eu locuiesc la pisica mea!"

Datorită înclinației pisicilor de a fi șefe, de „a delega sarcini", de a fi servite, de a fi încăpățânate și de a nu face decât ce le place, se întâmplă ca, din dragoste pentru pisica lor, unii stăpâni și stăpâne să se lase oarecum copleșiți, uneori, de nevoile și dorințele felinei. Ține de fiecare dintre noi să impunem limite pentru a trăi în armonie cu pisica.

Ceea ce ne interesează aici sunt, însă, dragostea, atenția și protecția pe care pisica le manifestă față de locuința ei, față de teritoriul ei. De altfel, este bine de știut că pisica – chiar și cea domestică, dar care trăiește la țară – poate avea un teritoriu care se întinde pe trei-patru hectare. Așadar, să nu te mire plimbările sale lungi, fiindcă își petrece timpul supraveghindu-și domeniul.

Pisica este foarte atașată de casa ei, chiar dacă vorbim doar despre un apartament cu două camere, fiindcă acesta va fi însuși centrul sferei sale de confort, cadrul stării sale de bine, fizică și psihologică.

Te-ai uitat vreodată cu atenție la interiorul apartamentelor prietenilor tăi, la curățenie, organizare, decorațiuni?... Prietenii tăi petrec timp acasă? Sau își petrec majoritatea timpului în afara casei? Te invită adesea la ei?

Dacă te gândești bine, nu observi cumva o legătură între felul în care arată locuința acestor persoane și starea lor emoțională? Adesea există o legătură directă între fericirea pe care o trăim în mintea noastră și felul în care ne întreținem și ne decorăm spațiul de locuit. Ceva ca un efect de oglindă, ca o vizualizare directă a stării de bine a persoanei respective, uneori chiar a imaginii sale de sine...

La rândul tău, cum te simți acasă? Cum arată pereții, mobilierul? Te simți confortabil și în largul tău? Îți place să-ți inviți prietenii la cină? Ești mândru să le arăți casa ta? Ai o canapea confortabilă unde să te cuibărești în după-amiezele de duminică, pentru a te uita la un film? Ți-ai creat toate condițiile pentru a te simți bine?...

La fel ca în cazul pisicilor – fără să fie nevoie să-ți marchezi teritoriul! –, spațiul în care locuiești este oglinda stării tale sufletești.

Casa este și refugiul, locul unde te poți odihni, reenergiza și deconecta pentru o clipă de la agitația exterioară.

Casa este punctul sensibil al unei fericiri cu limite pe care le poți lărgi, asemenea pisicii, prin cercuri concentrice, adăugând cartierul în care locuiești, persoanele pe care le frecventezi, comercianții pe care îi cunoști, părculețul de la colțul străzii, unde poți merge să citești vara, fără să fii deranjat de nimeni. Asemenea pisicii, îți poți extinde teritoriul, zona de confort și de siguranță.

Coconul tău trebuie să fie un spațiu confortabil, unde te poți întoarce mereu pentru a te relaxa, a te îngriji, a te recentra și a primi oamenii dragi.

HOME SWEET HOME!

ÎMBUNĂTĂȚEȘTE CONFORTUL ȘI ASPECTUL MICULUI TĂU PALAT AURIT – TE VEI SIMȚI ȘI MAI BINE.

O ZI DIN VIAȚA UNEI PISICI

ORA 13:15 – SIESTĂ OBLIGATORIE!

- Pisica sigur își va petrece jumătate de după-amiază dormind. Tu, însă, nu-ți poți permite acest lux.
- În schimb, după prânz și plimbarea de relaxare, sigur îți rămâne un sfert sau o jumătate de oră înainte de a te întoarce la birou.
- De ce n-ai încerca mini-siesta de un sfert de oră? Te vei simți reenergizat, ca și când ai fi dormit mai multe ore.
- De altfel, unele companii recurg din ce în ce mai des la această practică pentru a crește eficiența angajaților.
- Companiile se inspiră din siesta pisicii pentru a-și consolida viitorul! Pentru tine este, mai ales, un mod de a te recupera după o noapte albă, de a te reenergiza sau de a te pregăti pentru o seară între prieteni, despre care știi dinainte că riscă să se prelungească până târziu în noapte!

PISICII NU ÎI ESTE TEAMĂ SĂ AIBĂ ÎNCREDERE ÎN CEILALȚI

„Nu putem avea încredere în nimeni.
Spre deosebire de noi, pisica,
odată ce te-a acceptat în viața ei,
îți acordă încrederea pentru totdeauna."

André Brink

De îndată ce o pisică te va fi ales ca tovarăș de viață, îți va acorda o încredere deplină, aproape oarbă. De exemplu, când o mângâi, se întâmplă să se întindă pe spate. O pisică nu se va așeza niciodată în această poziție (cu excepția cazului în care se află în coconul ei, unde se știe în perfectă siguranță), pentru că, astfel, este mult prea vulnerabilă și îi va fi greu să fugă sau să se apere. Și, totuși, din mângâiere în mângâiere, de la pupici la gesturi de afecțiune, va ști să se așeze pe sau lângă tine, în pozițiile cele mai improbabile, pentru a fi mângâiată iar și iar, pentru a se juca și a fi scărpinată pe burtică. Înseamnă că are încredere în tine!

Această încredere absolută se manifestă în diverse feluri, dar unele comportamente sunt semne evidente.

Câtă încredere avem noi în ceilalți?... Până în ce punct?

Se întâmplă adesea ca, în urma unor dezamăgiri sentimentale, fie ele amoroase sau amicale, să ne fie greu să avem din nou încredere. Îl vom crede pe celălalt, însă vom rămâne mereu vigilenți, atenți la cel mai mic semn pe care îl vom putea interpreta greșit (adesea) ca anticipând o gafă sau o minciună pe cale să fie spusă.

Această atitudine bănuitoare chiar poate să ne dăuneze. Într-adevăr, cum să fii fericit dacă trăiești tot timpul cu teama de a nu fi trădat de celălalt, la un moment dat? Nu ai cum.

Singura cale pentru a ne redobândi seninătatea și bucuria de a trăi este să învățăm din nou să avem încredere, aproape așa cum spuneam că se întâmplă în cazul pisicilor: orbește.

Însă, înainte de toate, asemenea pisicilor, nu trebuie să acordăm încredere oricui, nici să deschidem larg poarta sufletului și a vieții noastre în numai câteva clipe.

Urmează-ți instinctul în legătură cu oamenii pe care îi întâlnești. Instinctul nu te va înșela niciodată... Și, de îndată ce vei simți că ai întâlnit persoana potrivită, fie în dragoste, fie într-o relație de prietenie, nu fugi de fericire închizându-te în frică și neîncredere.

Deschide-ți sufletul, nu te mai încrâncena și ai încredere! Numai așa poți profita din plin de șansa de a fi fericit. Nu vei avea de ales.

ÎMBLÂNZEȘTE-ȚI FRICILE, IUBEȘTE ȘI AI ÎNCREDERE, DAR CU DISCERNĂMÂNT.

PISICA ESTE UN ȘEF ÎNNĂSCUT

„Când pisica nu-i acasă,
șoarecii joacă pe masă."

PROVERB

Pisica este un excelent manager, șeful perfect, pentru că supraveghează fără să facă nimic... Încurajează dintr-o privire, fără să fie nevoită să țipe ca să se facă respectată. Pur și simplu, este acolo, și simpla ei prezență le impune șoarecilor să lucreze! De exemplu, în contextul scrierii acestei cărți: șoarecele eram chiar eu! În timp ce Ziggy, întins pe mormanul meu de hârtii, mă supraveghea cu coada ochiului ca nu cumva să mă las furat de reverie, astfel încât să pot preda manuscrisul la termen!

Să fii ca o pisică în viața profesională presupune, pe de o parte, așa cum am văzut, să știi să delegi sarcini! Este esențial! Indiferent că vorbim despre organizarea activității și a companiei, ori despre punerea în valoare și autonomizarea colaboratorilor tăi. Însă, pe de altă parte, înseamnă și să știi să fii prezent, să supraveghezi, să observi fără să fii văzut, să fii un exemplu pentru ceilalți...

Indiferent că ești sau nu șef, atitudinea pisicii se potrivește perfect mediului profesional. Să luăm câteva exemple:

- Nu-ți risipi energia inutil, apreciază munca pe care o ai de făcut și timpul alocat, în funcție de „importanța" sarcinii. *(Ce ar spune pisica: Păianjenul de-acolo...? Nu merită. Voi aștepta să apară un șoarece. Doar atunci o să mă sinchisesc.)*

- Nu te agita în toate direcțiile pentru a da impresia că ești copleșit, nu vei provoca decât un stres inutil colaboratorilor tăi. *(Ce ar spune pisica: Nu mai plimba aspiratorul ăla în toate părțile, mă amețești!)*

- Fii rapid atunci când este necesar, rezolvă problemele imediat. *(Ce ar spune pisica: Nu, serios, unde se crede roșcovanul ăsta! Stai că-ți dau eu avânt!)*

- Fii mereu vigilent, fără să dai de bănuit, pentru a fi la curent cu ultimele noutăți din societate. *(Ce ar spune pisica: Știu că tu ești cel care mă gâdilă cu o pană... Ia apropie-te încă puțin și îți arăt eu ție...)*

- Fii săritor la nevoie, pune osul la treabă. *(Ce ar spune pisica: Grădina este invadată de cârtițe? De acord să lucrez în schimburi! Te scap eu de ele!)*

- Învață să-ți iei, periodic, o pauză de cafea, pentru a afla ce mai e nou și a întreține legăturile sociale. *(Ce ar spune pisica: Mai sunt bobițe pentru mine? Nu mai avem? Atunci pune la bătaie cutia de sardine!)*

- Nu te face că lucrezi, se vede întotdeauna. *(Ce ar spune pisica: Am inspectat punctele de control de pe teritoriu, totul e OK. Acum lasă-mă să dorm!)*

- Nu da niciodată senzația că ești copleșit, este adesea o dovadă de ineficiență. *(Ce ar spune pisica: Nu te-ngrijora, mă descurc! RRrr...)*

**DACĂ ȘEFUL EȘTI CHIAR TU,
FĂ PRECUM PISICA:
AI MEREU O ATITUDINE FERMĂ ȘI BINEVOITOARE,
ÎNCURAJEAZĂ-I PE CEILALȚI DIN PRIVIRI ȘI
FII PREZENT.**

**PATRON SAU NU, LA MUNCĂ
TU EȘTI ȘEFUL!
DĂ MEREU TOT CE AI MAI BUN,
FĂRĂ A TE AGITA, TOTUȘI, INUTIL!**

„Spuneți adesea – vă auzim – că suntem niște mari leneșe care dorm toată ziua.

Pe de o parte, să știți că, deși dormim câteva ore când se înserează, preferăm să stăm treze noaptea, spre deosebire de voi. Nu vă dați seama de asta, fiindcă dormiți!

Pe de altă parte, dacă dormim atât de mult în timpul zilei, asta are legătură cu voi, pentru că momentele de somn ne ajută să ne eliberăm de toate undele, gândurile și vibrațiile negative pe care le-am aspirat din voi, pentru a vă liniști.

Nu le putem ține în noi, trebuie să ne purificăm, la rândul nostru, mintea și sufletul. De aceea dormim.

De altfel, să știți că putem să luăm asupra noastră toanele mai multor membri ai familiei voastre. Știm cum să vă liniștim pe fiecare în parte, însă asta înseamnă că vom dormi cu atât mai mult pentru a ne reface.

Dacă ați avut buna idee să luați o pereche de pisici încă de la naștere, cele două feline vor împărți această sarcină în sânul familiei. Totuși, nu aduceți un pisoi ca să ni se încurce printre lăbuțe când deja ne-am instalat confortabil – riscați să vă treziți cu pagube în casă, credeți-mă!”

ZIGGY

O ZI DIN VIAȚA UNEI PISICI

ORA 18:30 – *HOME SWEET HOME!* ÎNTOARCEREA ACASĂ!

- Un moment de relaxare, de alint și de mângâieri. Rufele și telefonul pot să aștepte. Asemenea pisicii, relaxează-te o clipă după ziua de lucru. Este inutil să te apuci de treburile gospodărești fiind plin de nervi. Acordă-ți o jumătate de oră pentru a te liniști, a asculta muzică, a te schimba în haine de casă pentru a te simți bine.
- Acordă-ți un moment de răgaz înainte de a începe cu plăcere a doua parte a zilei, personală, constând în dorințe, mici plăceri de satisfăcut, telefoane către câțiva prieteni...
- Adesea, la această oră, singura grijă a pisicii sună astfel: „Nu se apropie cumva ora cinei?” Este marea ei plăcere, fiindcă știe că, peste câteva clipe, îți vei face timp (nu ca azi-dimineață) să-i pui în castron un pliculeț de somon în aspic, după care este înnebunită.
- Ora 18:30 este momentul de destindere, atât pentru ea, cât și pentru tine, momentul când ziua oscilează între activitate și relaxare. Cel mai bine este să lași deoparte oboseala și stresul de peste zi, astfel încât să nu poluezi universul confortabil pe care ți l-ai creat pentru a-ți petrece seara.

PISICA ESTE TENACE

„Pisicile refuză intenționat să înțeleagă ce li se spune."

Louis Nucéra

Încăpățânată, da! Tenace, încă și mai și! Poți să strigi pisica mult și bine când este ascunsă în iarbă – nu va ciuli urechile și nici nu va întoarce capul. Poate să stea așa ore în șir, așteptând în fața unei găuri, să se ivească un șoarece. Pisica dă dovadă de răbdare și tenacitate – o poți observa așteptând astfel ore întregi, fără să obosească sau să renunțe. O adevărată lecție pentru viața noastră profesională, dar și pentru cea personală.

O perseverență care impune respect, până când își atinge obiectivul: prinderea șoarecelui. Pentru pisică nu contează nici orele de așteptare, nici oboseala, în timp ce nouă ni se întâmplă adesea să abandonăm pe ultima sută de metri... O atitudine care invită la reflecție!

Răbdarea pisicii pentru a obține ceea ce își dorește este egalată doar de tenacitatea ei. În fața acestor calități, nu putem decât să ne înclinăm.

Deviza pisicilor: „Nu cedăm!" Uneori, pentru noi, oamenii, acestea sunt doar simple cuvinte... *„CHATPEAU BAS!"* [1]

FII RĂBDĂTOR ȘI TENACE ÎN TOT CEEA CE FACI, NU RENUNȚA NICIODATĂ!

---

[1] Joc de cuvinte, între *chat* și *chapeau*, în celebra replică din limba franceză *Chapeau bas!*, Jos pălăria! (*n. trad.*)

PISICA ESTE MEREU PRUDENTĂ

„Pisica opărită se teme și de apa rece!”

PROVERB FRANCEZ

Pisica nu este amatoare de aventuri, iar pățaniile îi servesc mereu drept lecție. Nu se apropie niciodată de un loc nou, de o mașină sau de un obiect din mediul ei de viață fără a-l observa îndelung în prealabil și a-și lua nenumărate măsuri de siguranță. Pisica evită să se expună pericolelor inutil. Tot ce este nou este mai întâi inspectat minuțios, mirosit, analizat.

Fără îndoială, prudența te ajută adesea să eviți multe probleme, conflicte, accidente. Cu toate acestea, din lipsă de instinct, desigur, omul nu și-a construit cunoașterea și experiența decât luând cărbunii încinși în mână... ca să-și dea seama că frig! Ciudat mecanism! Omul nu știe nimic atâta timp cât nu există cineva sau ceva care să-l învețe. Îți poți închipui o pisică mergând pe cărbuni încinși?

Câți dintre noi nu ne-am îmbolnăvit după ce am mâncat alimente alterate, fără să ne dăm seama? Și, totuși, de câte ori nu ți-ai văzut pisica strâmbând din nas și refuzând să se atingă de castronul ei dacă mâncarea din el nu mai este proaspătă, ori de bucățica de jambon pe care i-o întinzi, până ce nu a mirosit-o pe toate părțile?

Riscul ca o pisică să se otrăvească este scăzut, fiindcă își folosește simțurile și este prudentă, inclusiv în legătură cu ceea ce mănâncă.

Omul este adesea cutezător din fire, deci imprudent, asemenea unui copil pe care trebuie să-l avertizezi în legătură cu orice, pe care trebuie să-l înveți totul, pe care trebuie să-l ferești de orice pericol. Prin comparație, cine le-a învățat pe pisici că focul arde, că în apă se pot îneca, că trebuie să evite să se apropie de câinele mare care latră? Cine le-a spus că obiectele mari care se deplasează și care fac zgomot sunt mașini care le pot strivi? Spre deosebire de un copil, ele știu toate acestea instinctiv și simt pericolul.

Noi, oamenii, am pierdut mult din instinctele și din simțurile noastre... Chiar și în relațiile cu semenii. Câți dintre noi nu ne-am spus, la un moment dat: „Eram sigur că urma să mă tragă pe sfoară, nu mi-a plăcut de la bun început!"

Ai simțit bine. Adevărul despre persoana respectivă ți-a confirmat presimțirile. Și, totuși, ți-ai urmat instinctul în momentul în care ai avut acest puternic sentiment de respingere? Nu. Instinctului îi preferăm adesea „rațiunea". Păcat, pentru că ne dăm seama, pe măsură ce timpul trece, că instinctul nu ne înșală niciodată, ci ne îndrumă mereu să fim prudenți, pentru binele nostru.

Prima impresie nu te înșală niciodată. Ca să fii puțin mai prudent pe viitor, încearcă să te reconectezi la instinctele tale cele mai primare. Ascultă-te, ai încredere în tine! Nu vei regreta niciodată!

ÎNDOIELILE DISPAR ATUNCI CÂND ÎȚI URMEZI INSTINCTUL!

PISICA ARE O MARE NEVOIE DE DRAGOSTE

„Pisicile sunt ființe făcute pentru a înmagazina blândețea."

STÉPHANE MALLARMÉ

Toți avem nevoie de dezmierdări, de gesturi afectuoase, de tandrețe, de mângâieri, de pupici. În timp ce mulți dintre noi nu ne manifestăm întotdeauna nevoia de iubire, pisica nu ezită niciodată, atunci când simte nevoia de afecțiune, să vină la voi pentru a și-o satisface.

Din când în când, are nevoie „să fuzioneze" cu noi, așa cum noi avem nevoie să ne cuibărim lângă partenerul nostru, strângându-l în brațe cu forță și tandrețe deopotrivă.

Această nevoie de dragoste are adesea legătură, înainte de toate, cu o nevoie de iubire față de noi. Pentru Freud, prima traumă pe care o trăim este tăierea cordonului ombilical la naștere. Legătura de dragoste permanentă cu mama este tăiată fizic, pentru totdeauna. O legătură de afecțiune pe care, ulterior, încercăm să o reconstruim prin intermediul celorlalți, în prietenie, în iubire. O sursă de dragoste pe care o căutăm în toate formele de relații pe care le avem.

Cu cât ducem mai mult lipsă de afecțiune, cu atât o vom căuta mai mult la celălalt, până ce golul se va umple, până ce vom da pe dinafară. Asemenea unei pisici, odată ce ne-am satisfăcut nevoia de dragoste, ne îndepărtăm fizic de izvorul ei, timp de câteva clipe... doar pentru a ne întoarce la el!

Cât de des simțim nevoia de dragoste depinde și de cât de mult ne iubim noi pe noi. Unii oameni sunt foarte afectuoși, alții – mai distanți, nu avem toți nevoie de aceeași „doză" în fiecare zi. Însă toți avem nevoie de tandrețe, de dezmierdări, de aceste sentimente.

Le primim atât de la partener, cât și de la pisică, așa cum, la rândul ei, pisica le primește de la noi, atunci când își strecoară drăgăstos căpșorul pe sub brațul nostru. În acele momente, caută afecțiunea noastră, la fel cum ne-o oferă pe a ei. Aceasta este o atitudine complet diferită de simpla mângâiere pentru starea de bine. În astfel de momente, are atât de multă nevoie de afecțiune, încât aproape că tânjește după ea. Apoi, odată ce și-a satisfăcut nevoia, se îndepărtează.

La fel se întâmplă și cu noi: cerem, așteptăm, căutăm această dragoste senzorială și spirituală necesară, vitală pentru fiecare dintre noi, atât în plan fizic, cât și psihologic.

Asemenea pisicilor, asemenea florilor, fără dragoste ne ofilim puțin câte puțin, zi după zi. De aceea, dintotdeauna, tot ce există are nevoie de acest combustibil: iubirea.

TOȚI AVEM NEVOIE DE DRAGOSTE,
NUMAI CĂ TREBUIE SĂ ȘTIM SĂ O OFERIM,
PENTRU A O PUTEA PRIMI.
ESTE O CONDIȚIE ESENȚIALĂ DACĂ VREM SĂ FIM FERICIȚI.
CE-AR FI VIAȚA FĂRĂ IUBIRE?

PISICA ESTE CALMĂ DIN FIRE

„Nu e nevoie de sculpturi
în casa unde există o pisică."

Wesley Bates

Mișcare și iar mișcare, agitație... Aceasta este soarta multora dintre noi, incapabili să ne calmăm chiar și numai pentru o clipă, într-atât suntem de prinși în spirala ritmului amețitor al marilor orașe și al stresului enorm generat de acestea și pe care îl aducem acasă.

De-abia întors de la serviciu, îți arunci haina pe canapea și începi să te agiți între grămezi de rufe și teancuri de facturi neachitate, cu mătura într-o mână și buretele în cealaltă?

Pisica te vede cum te agiți în stânga și-n dreapta, făcând slalom între bucătărie, sufragerie și birou... Ți se pare că te privește ciudat... Da, e clar, pentru că, pe de o parte, o deranjezi, iar, pe de altă parte, se întreabă dacă nu cumva ai o criză gravă de prostie demnă de milă!

Ia telecomanda DVD player-ului și apasă butonul de pauză! Nu este o metaforă. Chiar te rog să faci asta! Inspiră adânc și expiră lent. Vei simți o liniște profundă, ca și când ai fi lăsat bagajele din mână. Pe chip ți se va contura un zâmbet și, prin această acțiune, dar și prin privirea pisicii, care nu te-a ocolit nicio secundă, vei conștientiza toată această frenezie inutilă prin care ți-ai continuat ziua de lucru printr-o altă zi de lucru! Fiind mereu cu nervii întinși la maximum și hiperactiv.

Curățenia, spălatul rufelor, celelalte treburi gospodărești trebuie făcute, îmi vei spune. Da, însă ne putem ocupa de ele în momentul potrivit, fără stres și pe îndelete!

Dacă, totuși, vei continua să te agiți, vei vedea cum pisica se ridică încet pentru a-și găsi un loc mai liniștit unde să-și facă toaleta. Se va îndepărta parcă dând din cap și spunându-și: „Incorigibil! De-abia s-a întors acasă și deja e nervos! O să mă instalez în șifonier, pe teancul de pulovere, acolo ar trebui să pot sta liniștită o vreme!"

Și, din ultimul mieunat pe care ți-l „aruncă" întorcându-se către tine, înainte de a se îndrepta spre grămezile de haine impecabile, pe care va trebui să le cureți după aceea, vei înțelege: „Ah! Încă ceva: dat fiind că pari să fii în criză și că trebuie să-ți calmezi nervii, nu uita să refaci stocul de bobițe și să-mi schimbi nisipul în litieră, pentru că miroase groaznic!"

NU TE MAI AGITA ÎNCONTINUU!
CE RISIPĂ INUTILĂ DE ENERGIE!
ÎNVAȚĂ SĂ FII CALM!

MOMENT DE REFLECȚIE!

„ESTE DE-AJUNS
CA PRIVIREA NOASTRĂ
SĂ SE INTERSECTEZE
CU CEA A UNEI PISICI,
CA SĂ ÎNȚELEGEM
PROFUNZIMEA ENIGMELOR
PE CARE FIECARE SCLIPIRE
DIN OCHII EI NI LE ADUCE ÎN FAȚĂ."

JACQUES LAURENT

PISICA ȘTIE CE VREA, ESTE DIRECTĂ

„Nu tu ești proprietarul pisicii, ci ea este proprietarul tău."

FRANÇOISE GIROUD

Când vrea ceva, pisica merge drept la țintă și nu se lasă până ce nu își atinge scopul. Este exigentă, știe ce vrea și nu vei putea s-o păcălești cu o nouă marcă de bobițe, dacă nu-i plac. În cel mai bun caz, va face nazuri în fața bolului cu mâncare sau îl va răsturna. Poți să pui plicul în dulap pentru totdeauna și să revii la marca obișnuită! Pisica știe ce vrea și nu se dă bătută.

La fel, n-o vei putea obliga niciodată să se întoarcă acasă seara, dacă este în toiul plimbării și se simte foarte bine, ascunsă în stratul cu flori, la doi pași de tine!

Excelent vânător, nimic nu o abate de la ținta ei atunci când urmărește o pradă! Iată marea calitate a pisicii: tenace, încăpățânată, știe ce vrea, întotdeauna; cu pisica nu este loc de negociere.

De câte ori nu trebuie să ne ajustăm dorințele în funcție de atâtea și atâtea aspecte... Și, apoi, cum se spune: „Nu prea știu ce vreau, dar cel puțin știu ce nu vreau."

Zicala aceasta nu-mi place decât pe jumătate. Adesea, camuflează dorințe reale pe care le refulăm, crezând că nu ni le putem satisface, că nu suntem în stare să le împlinim...

„Ce vreau cu adevărat?" este o întrebare pe care ar trebui să ne-o adresăm toți, sistematic, cu cea mai mare onestitate. Prea avem uneori tendința să ne mulțumim cu ceea ce anturajul „vrea" sau așteaptă de la noi, cu ceea ce „credem" că este menirea noastră..., uitând obiectivele și dorințele care ne animă cu adevărat.

„Ce vrei cu adevărat...?", pisica știe ce vrea și își trăiește fiecare clipă în funcție de răspunsul la această întrebare.

Să știi ce vrei este primul pas. În următoarea etapă trebuie să-ți procuri mijloacele, să ceri, să exprimi direct ceea ce dorești.

Trebuie să spui lucrurilor pe nume, să nu te învârți în jurul cozii, să fii direct!

Obsesia de care suferim toți – într-un grad mai mic sau mai mare –, de a o lua mereu pe ocolite pentru a spune ceea ce avem de spus sau pentru a cere cu fermitate ceea ce vrem, este extenuantă din nenumărate motive.

Vorbește deschis, nu-ți fie teamă să spui lucrurilor pe nume, să abordezi subiectele așa cum sunt, să spui adevărul așa cum este și să afirmi fără ocolișuri ceea ce dorești! Fii direct, vei economisi astfel energie și timp!

Pisica ştie ce vrea, revendică acel lucru indirect, prin atitudinea ei (noi, oamenii, avem şansa de a ne exprima cererile în cuvinte), dar nu se mulţumeşte numai cu atât: ea trece la acţiune!

FII DIRECT, CERE!
„VREAU, POT, ACŢIONEZ!"
TREBUIE SĂ-ŢI INTRE ÎN REFLEX,
LA FEL CUM FACE PISICA,
ŞI SĂ DEVINĂ DEVIZA VIEŢII TALE!

PISICA ÎNDRĂZNEȘTE SĂ CEARĂ

(TOT TIMPUL!)

„Pisicile par să se conducă după principiul potrivit căruia nu este nimic rău în a cere ceea ce vrei."

Joseph Wood Krutch

După cum am văzut în capitolul precedent, odată ce ne-am identificat, formulat și exprimat clar dorințele, se întâmplă să avem nevoie, pentru a acționa, de o pârghie, de un motor, de puțin ajutor.

Adesea, nu îndrăznim să cerem ajutor în activitatea profesională sau dacă avem probleme în viața personală. Din ce motive? Puțină rușine, puțină teamă de a nu fi refuzați, unele reticențe în a ne deschide sufletul, în a cere, având aproape sentimentul că cerșim... Ne este încă și mai rușine când avem mari probleme financiare... Nu cerem ajutor din mândrie, dintr-un orgoliu fără rost.

În schimb, pisica cere când îi este foame, când vrea să se plimbe sau are chef de mângâieri. Nu se jenează să te trezească chiar și când dormi, ca să răspunzi nevoilor ei din acel moment.

Nu avem decât de câștigat dacă cerem ajutor atunci când avem nevoie. Cel mai surprinzător este că există întotdeauna cineva care ar fi încântat să te ajute... trebuie doar să-i ceri.

De câte ori nu ai auzit spunându-se: „Trebuia să-mi fi spus! De ce nu mi-ai vorbit despre asta atunci? Aș fi putut să te ajut!”

Uneori, ca să găsești o soluție, tot ce trebuie să faci este să ceri.

Pisica are întotdeauna dreptate! Îndrăznește să ceară.

ÎNDRĂZNEȘTE SĂ CERI AJUTOR!
UNII OAMENI VOR FI ÎNCÂNTAȚI SĂ TE SPRIJINE, PENTRU CĂ, ASTFEL, LE VEI ACORDA MAI MULTĂ IMPORTANȚĂ!

O ZI DIN VIAȚA UNEI PISICI

ORA 19:30 – CINA ESTE SERVITĂ!

- Dacă masa de prânz a fost pe repede-înainte, în funcție de pauza pe care ți-ai luat-o, seara ai timp să te răsfeți și să-ți pregătești ceva bun.
- Pisica te-a convins să-i dai file de somon în aspic, așadar nu ai motive să te mulțumești, pe post de cină, cu o cutie de ravioli încălzită ușor în cuptorul cu microunde, pe care presari un rest de brânză rasă uscată, descoperită pe raftul cel mai de jos din frigider.
- Desigur, întotdeauna este mai ușor să gătești în doi sau pentru doi, însă, chiar dacă ești singur, încearcă să găsești feluri de mâncare pe placul tău, ușor de pregătit.
- Nu ezita să pui pe masă și o farfurie frumoasă – sincer, îți face mult mai bine, din punct de vedere psihic, decât să mănânci direct din cutia cu tăiței chinezești! Acordă atenție oricărui detaliu care îți poate influența starea de bine. Dacă ești în cuplu, profită de acest moment de pregătire a cinei pentru a bea împreună cu partenerul un pahar cu vin, pentru a discuta despre ce ați făcut peste zi, chiar și pentru a-l tachina, zâmbind, pe celălalt, pentru că nu a condimentat mâncarea suficient sau pentru că nu a tăiat cartofii cum trebuia... Faceți din acest moment un prilej de interacțiune, de bucurie... Pregătirea cinei nu mai este o corvoadă, ci o plăcere, iar asta contează pentru o seară minunată!

PISICA ESTE ÎNTOTDEAUNA ONESTĂ

„Pisicile sunt de o onestitate absolută: spre deosebire de oameni, ele nu își ascund niciodată sentimentele."

Ernest Hemingway

Toți mințim puțin, din când în când... Iar primii pe care-i mințim suntem chiar noi. Micile compromisuri cu adevărul, pe care le facem uneori, nu ne încântă niciodată. Adesea, sunt motiv de jenă, nu ne simțim prea mândri de noi...

Pisica nu își ascunde niciodată trăirile, sentimentele, dorințele, este mereu transparentă și coerentă în atitudinea ei, în ceea ce gândește.

„De ce să faci altfel?", poate că își spune ea. Când o privești, te întrebi și tu de ce să nu fii onest cu ceilalți și cu tine? La urma urmei, să fii onest este cel mai simplu!

Nu ai de jucat niciun rol, nu trebuie să-ți amintești nicio minciună ca să nu te contrazici... Nu trebuie să păstrezi aceeași linie de discurs, să-ți menții atitudinea sau să îndeplinești sarcinile ce decurg dintr-un lucru cu care te-ai lăudat, pentru ca cei din jur să nu te suspecteze de incoerență și să nu te considere un mare mitoman!

Minciuna te seacă de energie! Mai ales minciuna de care ceilalți nu trebuie în niciun caz să se prindă! Oricum, mai devreme sau mai târziu, toți mitomanii sfârșesc prin a fi dați în vileag, căci cu cât se afundă mai mult, cu atât le este mai greu să dețină controlul asupra minciunilor care se acumulează – într-atât de multe ramificații ajung să aibă minciunile lor și totul devine mai complex.

Ca să pui capăt minciunilor nevinovate, dar și mitomaniei, fii leneș: spune adevărul! Asemenea pisicii, fii onest și transparent! Așa cum am văzut anterior, vei deveni mai charismatic și te vei bucura de mai multă credibilitate!

Fii onest pentru tine însuți, pentru imaginea și stima de sine, pentru încrederea pe care ceilalți vor ști să ți-o arate și pentru propria liniște interioară!

FII ONEST, NU AI DECÂT DE CÂȘTIGAT!

PISICA ESTE UN OBSERVATOR TĂCUT

„Chiar dacă ar putea vorbi, pisicile nu ar vrea."

NAN PORTER

În natură, pisica sălbatică nu miaună decât în perioadele de împerechere. Atunci are un mieunat răgușit, pentru a-și îndepărta rivalii.

Cât este încă pisoi, miaună pentru a se impune, pentru a se face auzită, însă, pe măsură ce lunile trec, încet-încet, tace.

Mieunatul distinct, mai degrabă ascuțit, al pisicii adulte, este dedicat în exclusivitate oamenilor. Prin el, pisica încearcă să ne vorbească, iar noi, bineînțeles, nu înțelegem nimic. Așa că, de cele mai multe ori, pisica tace și se întoarce la gândurile și observațiile ei, la starea sa de bine, fără „să-și răcească gura degeaba" cu vreo altă pisică sau cu un om care nu înțelege nimic!

Asemenea pisoilor, când suntem copii vorbim fără încetare. Totuși, pe măsură ce progresăm în învățarea limbii și înaintăm în vârstă, vorbim din ce în ce mai mult, uneori chiar vrute și nevrute!

Spre deosebire de noi, pisica devine foarte repede un „adult înțelept" și învață să tacă.

Este un observator tăcut, nu-i scapă nimic din acțiunile și gesturile noastre, nici din schimbările intervenite în mediul ei, însă doar rareori face vreun comentariu.

Înclinația noastră de a ne da permanent cu părerea despre orice (știu foarte bine despre ce vorbesc, fiind eu însumi un mare vorbăreț!) ne face uneori să pierdem din vedere un element necesar pentru starea noastră de bine: să învățăm să tăcem!

Ca mare flecar, știu bine că, din când în când, spunem o groază de tâmpenii! Se întâmplă chiar să mergem prea departe, să fim prost înțeleși, să vorbim când nu suntem tocmai în apele noastre și, astfel, să distorsionăm mesajul... Nu asta voiam să spunem, dar este prea târziu, cuvintele au zburat fără să fi trecut prin vreun filtru...

Să înveți să taci înseamnă să-ți controlezi impulsivitatea, să eviți să spui uneori prostii, să reflectezi și să-ți cântărești gândurile ținând seama de diverși factori... De asemenea, înseamnă să asculți ce au de spus ceilalți și să nu monopolizezi conversația... Înseamnă să nu-ți impui părerea ca pe un adevăr absolut și definitiv...

Să înveți să taci înseamnă și să menții o oarecare distanță, să păstrezi un oarecare mister în jurul vieții tale. Poți să fii sincer, însă transparența indiferent de discuție, tot timpul și cu oricine poate că nu este cea mai bună metodă de a te apăra de persoanele bârfitoare.

A te exprima nu înseamnă să ieși în evidență cu tot dinadinsul. Schimbul de idei este necesar, însă observarea și ascultarea sunt, uneori, la fel de convingătoare precum toate argumentele la un loc!

ÎNVĂȚÂND SĂ TACI,
ÎNVEȚI SĂ NU MAI FII ÎN FIECARE CLIPĂ
BURICUL PĂMÂNTULUI.
ASCULTĂ CA SĂ ÎNVEȚI
ȘI ÎNVAȚĂ SĂ TACI,
TOCMAI PENTRU A VORBI MAI BINE.

MOMENT DE REFLECȚIE!

„OMUL ESTE CIVILIZAT ÎN MĂSURA ÎN CARE ÎNȚELEGE PISICILE.”

George Bernard Shaw

PISICA ESTE UN PRIETEN SINCER

„Dacă sunteți demn de afecțiunea ei, pisica vă va deveni prieten, însă niciodată sclav."

THÉOPHILE GAUTIER

Dacă te acceptă în universul ei, pisica va deveni pentru totdeauna prietenul tău fidel. Prin urmare, în fiecare zi, va avea grijă de tine, va veni să-ți ceară vești prin mieunături scurte, îți va asculta văicărelile, va ști să te liniștească, să te consoleze... Va fi acolo pentru tine, clipă de clipă!

Oare noi suntem la fel de prezenți în relația cu prietenii noștri, gata mereu să-i ascultăm? Sincer, oare nu lăsăm, din când în când, ca relația să se deterioreze, deși construirea ei a luat atât de mult timp?

Da, ne putem inspira din fidelitatea, devotamentul, tandrețea, prietenia pe care pisica le manifestă față de noi, ca să procedăm aproape întocmai în relația cu prietenii noștri.

Situațiile în care suntem puși și schimbările din viața noastră fac ca, adesea, să întrerupem, mai mult sau mai puțin voit, relația cu cei mai apropiați.

Știm cu toții cum este când te îndrăgostești! Momentul acela când noul cuplu în formare, plin de pasiune, uită de lumea din jur timp de câteva săptămâni și chiar câteva luni... O situație de înțeles și cunoscută tuturor, care revine la normal după un timp, când reluăm într-un ritm mai susținut legăturile cu cei apropiați, după ce pasiunea intensă începe să se domolească.

Se întâmplă, însă, și ca, în această situație, să hotărâm, conștient sau nu, să ne schimbăm viața complet, să nu ne mai întoarcem la cei care erau prezenți în ea de ani buni, ca să ne dedicăm exclusiv noii noastre pasiuni... Un egoism pe față, care le provoacă apropiaților noștri un sentiment de abandon, aproape de trădare...

„De când e într-o relație, n-o mai văd..." – cine n-a auzit sau rostit plin de dezamăgire această frază, într-un moment sau altul al vieții sale?

În ceea ce privește fidelitatea în relațiile de prietenie, avem multe de învățat de la o pisică: fără nicio urmă de interes sau de calcule obscure, ea este statornică, din prima până în ultima zi.

Uneori, pisicile pot da dovadă de mai multă omenie decât noi, ca atunci când suntem tentați să devenim egoiști, uitând tot ce s-a dăruit, tot ce s-a spus.

Prietenia este o relație la fel de puternică precum cea de iubire – dacă nu chiar mai solidă, pentru că, adesea, durează mai mult...

Să o sacrifici pentru un strop de iubire, sub pretextul că te conformezi normelor unei societăți care, la o anumită vârstă, îți cere „să te așezi la casa ta", este deja, în sine, o manevră bine calculată, un mod de „a părea".

Este și cel mai bun mod de a te asigura că, dacă într-o bună zi, te vei despărți de partener, prietenii nu vor mai fi lângă tine pentru a te sprijini.

ÎNTREȚINE LEGĂTURILE DE PRIETENIE DIN VIAȚA TA, SUNT COMORILE CELE MAI DE PREȚ! URMEAZĂ EXEMPLUL PISICII ȘI NU LE SACRIFICA, NICIODATĂ ȘI SUB NICIUN MOTIV!

PISICA SE CONCENTREAZĂ PE CEEA CE ESTE ESENȚIAL

„Îmi place la pisici indiferența cu care trec din saloane la streșinile ce le sunt atât de familiare."

CHATEAUBRIAND

Observând cu câtă diligență își face toaleta pisica mea și cât este de elegantă, fiind, totodată, în stare să-și găsească ceva interesant în pubelele cele mai sordide, m-a fulgerat un gând uimitor: luxul și bunurile materiale nu-i servesc la nimic. Și nici nu este preocupată de imaginea ei.

Îmi amintesc și de magnifica pisică de Angora, albă, cu ochii verzi, a unei prietene, care se întorcea frecvent din plimbările sale îngrozitor de murdară, după ce se tăvălise prin pivnițe, și se așeza pe pernele de pe canapea pentru a-și face toaleta. Se simțea bine în ambele medii și puțin îi păsa că, la întoarcerea din escapadele sale, arăta ca o cârpă!

Să știi să te detașezi, din când în când, de mediul tău, de bunurile tale materiale, să nu le mai acorzi prea multă importanță, ca și când ți-ai supraveghea clipă de clipă imaginea în oglindă, este ceva ce ar trebui să facem mai des pentru a redobândi un strop de modestie, de autenticitate și pentru a reuși să deosebim, din nou, esența de aparență.

Pisica nu ține nici la aspectele materiale, nici la statutul social. Pentru ea contează numai plăcerile și dorințele proprii! Ce cred ceilalți despre ea? Privirea, opinia lor? Am vorbit deja despre asta! Nici nu se sinchisește de așa ceva!

Ce își spune pisica atunci când dorește ceva sau vrea să descopere lucruri noi: „Așa e, o să mă murdăresc! Și ce? O să mă curăț pe urmă! Acum... Unde a dispărut chestia aia mare cu coadă lungă... Ah! Iat-o! Acolo, sub grămada aceea mare, plină de praf! Pe ea!"

Bucură-te de ceea ce îți face plăcere chiar atunci când vrei acel lucru, fără să-ți pese prea mult de restul.

NU DA PREA MULTĂ IMPORTANȚĂ ASPECTELOR MATERIALE. ȘTII CUM SE SPUNE: „CEEA CE AI AJUNGE SĂ TE DOMINE!"

O ZI DIN VIAȚA UNEI PISICI

ORA 20:30 – O SEARĂ SUB SEMNUL RELAXĂRII

- Perne moi, canapea confortabilă – acesta este răsfățul pe care și-l oferă pisica pentru a se destinde după o zi „cruntă"!
- Cu siguranță că se întreabă: „Oare ce mai face la birou, tot tastând frenetic la calculator?" Așa că se urcă pe birou și începe să pășească pe tastatură, să-și „fluture" coada sub nasul nostru, iar noi bombănim, pentru că trebuie „să avansăm", să finalizăm proiectul la care lucrăm...
- Pisica se află acolo ca să ne aducă aminte că există un timp pentru toate: pentru muncă, pentru familie, pentru partenerul de viață, pentru relaxare și... pentru ea!
- Este ora 20:30 și, după părerea ei, programul de lucru s-a încheiat. Acum este timpul să închizi calculatorul. Îți ajunge!
- De cele mai multe ori, n-am ascultat de Ziggy atunci când se întindea pe birou, lângă mine, după nenumărate drumuri între genunchii mei și tastatură, frecându-și năsucul de marginea monitorului... Se făcea ora 22 sau 23, iar eu mai degrabă mă afundam în ceea ce scriam, în loc „să avansez".
- Cine avea din nou dreptate în acel moment? Ratasem o seară de relaxare, numai ca să fac o muncă aproape ineficientă...
- Acum, respect regula: cel mai târziu la ora 21 închid calculatorul. O seară bună!

PISICA SE COMPORTĂ MEREU FIRESC

„Din câte știu, pisica este singurul animal ale cărui emoții transpar din poziția urechilor, orientarea pupilelor și felul în care își ține coada."

ANNE CALIFE

Pisica nu recurge la trucuri de seducție, nu joacă teatru, nu adoptă un stil afectat. Pisica nu îmbracă niciodată un costum și nici nu adoptă o anumită atitudine pentru a te aborda. Indiferent ce dorește sau cere, o va face întotdeauna în acord cu personalitatea sa.

După cum am văzut, pisica este onestă, pentru că așa e mai simplu! Așadar, de ce ar adopta o anumită atitudine pentru a părea altceva decât ceea ce este? La ce i-ar folosi?

Dar nouă la ce ne folosește când facem asta, adesea din lipsă de încredere în sine? La nimic. Ne mințim singuri, din nou; îi mințim pe ceilalți. Cel mai rău este că suntem convinși că deghizarea pe care am adoptat-o pentru a face față unei situații sau anumitor tipologii umane va fi mai credibilă decât ceea ce suntem în profunzimea ființei noastre. Ce prostie!

Cum ar putea un decor de cinema din carton să înlocuiască măreția unui munte adevărat sau a unui ocean dezlănțuit?

În loc de minciuni elaborate, de teama de a nu fi la înălțimea așteptărilor, este cu siguranță mai bine să fii sincer, fără să recurgi la artificii!

Naturalețea pe care o manifestăm își pune amprenta asupra întregii noastre ființe, ne face frumoși și atrăgători, ne conferă credibilitate în ochii celorlalți!

Este adevărata noastră față, fără ocolișuri ori aparențe înșelătoare. Să știi să-ți păstrezi naturalețea în orice situație și să te accepți așa cum ești rămân cea mai bună metodă pentru a fi apreciat și a impresiona, deopotrivă! Nu te subestima niciodată!

**FII TU ÎNSUȚI,
INDIFERENT DE SITUAȚIE!**

PISICA ESTE MODESTĂ ȘI ÎNGĂDUITOARE

*„Pisica nu este obligată
să trăiască după legile leului."*

SPINOZA

Cu toții avem tendința să ridicăm uneori ștacheta prea sus, să fim aspri cu noi, la limita autoflagelării, din când în când!

Este bine să fii ambițios, să dai tot ce ai mai bun din tine, dar la fel de important este să știi să fii îngăduitor față de tine în caz de eșec.

Poate că ai fost onest și ai depus toate eforturile de care erai capabil într-o activitate sau într-un proiect. Totuși, nimeni nu ți-a cerut să excelezi mereu, la toate capitolele, încât să ajungi să te îmbolnăvești!

Ce legătură are asta cu ceea ce avem de învățat de la o pisică? Răspunsul este cuprins în citatul de mai sus, din Spinoza. Deși este o felină, asemenea leului, pisica nu se lamentează cât e ziua de lungă pentru că nu are forța și agilitatea acestuia! Nu este și nu va fi niciodată regele junglei! Poate că nu este nici măcar șefa peste celelalte pisici din cartier! Și ce? Oare asta o împiedică să trăiască din plin? Să fie fericită? Își petrece oare timpul vrând să obțină un loc sau să dobândească un statut pe care știe că nu-l va putea dobândi niciodată? Îi este oare ciudă pe ea din această cauză?

Să dăm dovadă de puțină modestie, de puțină îngăduință – asta nu ne împiedică să fim mândri de ceea ce suntem și de ceea ce facem! Trebuie oare să nu mai cântăm dacă nu suntem Freddie Mercury? Trebuie oare să nu mai pictăm dacă nu suntem Cézanne? Suntem oare mai puțin buni? Sau doar diferiți?

Trebuie să ne descurcăm cât putem de bine cu ceea ce avem și să continuăm să progresăm – pisica știe că nu va fi niciodată leu, dar asta nu o împiedică să sară, să alerge, să vâneze și să fie, dacă nu regele junglei, atunci măcar stăpânul canapelei tale!

**FII MODEST ÎN CEEA CE ÎNTREPRINZI,
FII ÎNGĂDUITOR CU TINE ÎNSUȚI.
IMPORTANT ESTE SĂ ACȚIONEZI!**

„Deși unora dintre voi vă place să dormiți cu noi, adesea, când e să mergem la culcare, ne pomenim de cealaltă parte a ușii dormitorului! E adevărat că, atunci când suntem tinere, ne cam zbenguim și, dat fiind că nu dormim prea mult noaptea, avem chef de joacă în pat. Însă, după câțiva ani, ne calmăm. Așadar, lăsați-ne înăuntru, vom moțăi liniștit la picioarele voastre.

Venim în pat, lângă voi, cuibărindu-ne între perne și sub plapuma călduță, și pentru a vă proteja...

Oare cine veghează noaptea pentru ca spiritele rele să nu vă tulbure somnul?

Oare cine veghează în întuneric, așezată pe pervazul ferestrei din sufragerie, pentru ca niciun spirit răuvoitor să nu pătrundă în casă?

Și asta face parte din misiunea noastră... Dormim cu voi pentru a vă proteja mai bine... Puteți să mă credeți sau nu, oricât de ciudat vi s-ar părea, dar... gândiți-vă bine!”

ZIGGY

PISICA ȘTIE SĂ FACĂ HAZ DE ORICE!

„Când mă joc cu pisica mea, cine știe dacă nu cumva ea face haz de mine mai mult decât fac eu de ea."

Michel De Montaigne

Când aflăm ce înseamnă viața dând piept cu ea, ne întrebăm uneori dacă nu cumva râde de noi. Ca să facem față aspectelor sale uneori întunecate sau, pur și simplu, ca să abordăm o situație dintr-o altă perspectivă (vedem paharul pe jumătate plin sau pe jumătate gol?), trebuie să știm să facem haz de necaz.

Să știi să faci haz de necaz este o condiție esențială pentru a fi fericit. Oamenii prea serioși, cu standarde prea înalte, la care nu renunță niciodată, se pomenesc, uneori, că nu știu să se joace, să se distreze, să râdă; aproape că nu mai știu să zâmbească.

Joaca este una dintre ocupațiile principale ale pisicii. Pentru ea, vânătoarea face parte din joc. Uneori, este un aspect crud al acestuia – gândiți-vă numai cum jonglează cu un șoarece ore întregi, lăsându-l să se îndepărteze câțiva pași, pentru ca apoi să-l țintuiască din nou la pământ... Este jocul naturii. Noi, oamenii, am știut, totuși, să inventăm mii de alte mijloace de a râde și de a ne distra!

Să știi să râzi – să râzi de orice, mai ales –, să știi să nu te iei în serios, să știi să cobori din sfera ta, de pe piedestalul pe care te-a așezat statutul tău social, atunci când auzi, uneori: „Știi, în situația în care mă aflu, nu-mi pot permite cutare lucru..."

Imagine socială, imagine de sine, false aparențe cultivate, dorința de „a părea", așa cum am văzut anterior... La urma urmei, toate aceste aspecte specifice omului – pe care, uneori, le cultivăm în loc să le dăm uitării – ne împiedică să ne distrăm, să râdem.

FĂ HAZ!

DE ORICE!

CHIAR ȘI DE TINE!

TOT TIMPUL!

O ZI DIN VIAȚA UNEI PISICI

ORA 23:00 – ÎN ȚARA VISELOR

- Ziua a fost lungă, obositoare poate; este timpul să mergi la culcare... Ce poate fi mai bine pentru a-ți alina toate durerile psihice sau fizice decât să te cuibărești sub plapuma groasă și confortabilă... Însă iată că vine și pisica... ca să doarmă cu tine!
- Ține seama, așa cum am văzut în „Despre secretele unei pisici”, că poate nu întâmplător vrea să vină să ți se cuibărească alături sau să doarmă pe abdomenul tău.
- Ai auzit de terapia prin tors? Sau de binefacerile pisicii care vine, din instinct, să se așeze pe organele tale obosite sau bolnave? Se publică frecvent studii despre puterile vindecătoare ale pisicii. De ce să nu ne bucurăm de ele dormind alături de ea? Pisica de-abia așteaptă!
- Spre ziuă, dorind să fie mai liniștită, pisica se va îndepărta, astfel încât o vei descoperi dormind la picioarele tale...
- Chiar dacă avem multe de învățat de la pisici, putem afirma că semănăm întru totul dintr-un punct de vedere: așa cum spune un proverb libanez, „Orice pisică visează șoareci”! Ni se aplică tuturor, indiferent că suntem bărbați sau femei.
- Noapte bună!

PISICA ESTE FRUMOASĂ... ȘI O ȘTIE!

„Există frumuseți care nu pot fi descrise în cuvinte. Pisicile fac parte din această categorie."

Louis Nucéra

Toate pisicile sunt frumoase, ceea ce este destul de uimitor! Rar se întâmplă să dai de o pisică urâtă, în afară de cazul în care nu are parte de nicio îngrijire, dacă este bătrână și bolnavă. Însă, în general, pisica este frumoasă de când se naște și până moare, iar trecerea timpului lasă puține urme asupra înfățișării sale. Ați văzut vreo pisică ridată ori cheală? Oare de ce oamenii se degradează atât de mult fizic?

Suntem oare chiar atât de „superiori" sub acest aspect?

Pisica este frumoasă. Totuși, asta nu are nicio importanță. Însă poate că atitudinea încrezătoare pe care o afișează clipă de clipă are parțial legătură cu acest fapt: pisica este frumoasă și poate că este conștientă de frumusețea ei.

La fel de bine, se poate ca pisica să nu aibă conștiința propriei frumuseți, de aceea viața ei trebuie că este mult mai ușoară!

În cazul nostru, însă, bieți oameni, frumusețea este un element indispensabil pentru fericirea noastră și pentru încrederea în noi înșine, pe care nu-l putem ignora spunând, simplu: „Frumusețea interioară este cea care contează!" Nu e adevărat. Frumusețea interioară nu este de-ajuns și fiecare dintre noi știe asta.

Însă natura este astfel concepută încât nu suntem toți egali în fața frumuseții, în fața grației firești, înnăscute la unii. Orice s-ar spune, între a fi un canon de frumusețe, demn de a servi drept etalon, și a avea un aspect respingător, este o mare diferență!

O diferență pe care fiecare este dator să o micșoreze pentru a se simți cât mai bine în propriul corp, o diferență care poate fi atenuată prin atitudinea adoptată ori prin vestimentație. În acest caz, scopul nu mai este „să pari" cum se cuvine în ochii celorlalți, așa cum spuneam în capitolul precedent, ci să te simți bine în propriul corp, să ai un psihic echilibrat, să fii bine tu cu tine!

Când vine vorba despre frumusețe, la urma urmei nu există decât o singură regulă care trebuie urmată și un singur judecător, imparțial (în afara cazului în care judecă după coduri care nu-i aparțin): TU ÎNSUȚI! Tu în fața oglinzii! Atât!

Atâta timp cât, privindu-te cu sinceritate în oglindă, te consideri frumos/frumoasă, charisma și aura personale și, prin urmare, puterea ta de seducție se vor amplifica!

Este important, esențial chiar, să te simți frumos/frumoasă! Însă nu conformându-te oricăror criterii! Mai mult decât a urma codurile (unor „deșirate" anorexice!), să vrei să semeni cu modelele de pe copertele revistelor înseamnă, înainte de toate, să nu vrei să fii tu însuți și, mai ales, să nu te accepți, să nu te iubești... Dacă nu te iubești tu pe tine, atunci cine va putea să te iubească în toată această mascaradă de aparențe înșelătoare?

**FRUMUSEȚEA VINE DIN CEEA CE EȘTI,
DIN CEEA CE POȚI ÎMBUNĂTĂȚI
LA PROPRIA PERSOANĂ,
NU DIN CEEA CE ESTE CONVENȚIONAL,
DE PARADĂ.
CHEIA FRUMUSEȚII ESTE FARMECUL PERSONAL!**

PISICA SE SIMTE ÎN LARGUL EI INDIFERENT DE SITUAȚIE

„Pisicii îi este de-ajuns că este – verbul «a fi» i se potrivește cel mai bine."

Louis Nucéra

De-a lungul vieții, ne confruntăm cu destule situații în care ne putem simți incomod. Chiar dacă, odată cu trecerea timpului, dobândim mai multă încredere în sine, care ne ajută să depășim mai ușor aceste situații delicate.

Să nu te simți în largul tău înseamnă, adesea, să nu te simți la înălțime, însă în raport cu cine și cu ce? În raport cu ceilalți, bineînțeles, și cu imaginea pe care o afișăm.

Ai văzut vreodată vreo pisică să nu se simtă în largul ei? Niciodată! Este o senzație atât de specific umană, încât aproape că nu ne-a trecut prin gând să o asociem pisicilor.

O pisică nu se va simți niciodată incomod în sensul în care înțelegem noi această noțiune, pentru că, așa cum am văzut în diverse momente din această carte, pisica nu are nicio imagine personală de apărat: PISICA ESTE, pur și simplu. Prin urmare, este transparentă în atitudine și nu minte în privința personalității sau a capacităților sale, așadar asupra ei nu planează nicio îndoială – îndoiala fiind tocmai ceea ce provoacă bine-cunoscuta neliniște pe care o simțim în anumite situații.

Faptul că, uneori, nu ne simțim în largul nostru ține, înainte de toate, de imaginea, oarecum artificială, pe care am construit-o despre noi.

Riscăm oare în acele momente „să fim descoperiți"? Să nu ne ridicăm la înălțimea a ceea ce am povestit ori cerut și care face parte din imaginea pe care ceilalți o au despre noi?

Ne simțim incomod atunci când nu mai putem da înapoi, fiind prinși între ceea ce am spus și ceea ce facem sau ceea ce suntem. Cu cât minciunile sunt mai mari, cu atât prăpastia dintre cele două se adâncește, iar senzația de disconfort se intensifică. Gândește-te numai în ce stare psihică se află marii mitomani din jurul nostru, atunci când sfârșim prin a-i da în vileag!

Suntem jenați și când nu ne simțim la înălțime. Aceasta ține mai mult de încrederea în sine, însă, așa cum am văzut, atunci când nu sunt înnăscute, siguranța și încrederea în sine se cultivă. Pisica este lângă tine pentru a te ghida, pentru a te ajuta pe tot parcursul acestui proces de învățare.

Ca să te simți în largul tău în orice situație, trebuie, de asemenea, să fii sincer atât cu tine însuți, cât și cu ceilalți, să nu te gândești prea mult la imaginea pe care o transmiți despre tine – când urmezi regulile pisicii, această imagine nu poate fi decât pozitivă!

SĂ FII MEREU ÎN LARGUL TĂU
NU E ÎNTOTDEAUNA UȘOR!
ÎNSĂ ESTE O VICTORIE DEMNĂ DE O PISICĂ!

PISICA DĂ DOVADĂ DE EMPATIE

„Singura ființă din această lume capabilă să mă înțeleagă este pisica mea.”

Diane Gontier

Cei care au pisică știu că aceasta va fi mereu dispusă să-i asculte cu atenție. Oare noi suntem în stare de un asemenea altruism? De o asemenea calitate a ascultării? De o astfel de empatie față de ceilalți, asemenea ei, atunci când ne privește?

Trebuie să recunoaștem că suntem cu mult inferiori pisicilor la acest capitol. Oricât de multă bunăvoință am avea, ne este uneori greu să ascultăm sincer și cu atenție o altă persoană vorbind despre problemele ei, într-atât suntem de copleșiți de ale noastre, într-atât ne este de greu să ne punem în locul celuilalt.

În schimb, pisica are această forță înnăscută, această bunăvoință față de noi, ne înțelege atât de bine indispoziția chiar și atunci când nu-i vorbim, încât manifestă față de noi o atitudine protectoare și liniștitoare...

Pisica pare să ne înțeleagă problemele mai bine decât psihologul care ne ascultă tăcut. Prin privirea ei, pare să ne repete: „Va trece și asta!" În același timp, pisica poate să ne umple golurile afective.

Empatia, capacitatea de a asculta – iată un domeniu în care avem totul de învățat de la pisici, fiindcă, adesea, suntem egocentrici, evităm să ne oferim ajutorul și să-i ascultăm pe ceilalți.

Atunci când ascultăm, primim în aceeași măsură în care oferim, uneori fără să ne dăm seama.

**CA SĂ FII ASCULTAT,
ESTE NEVOIE SĂ ȘTII SĂ ASCULȚI.
ȘI SĂ ȘTII SĂ DĂRUIEȘTI
CA SĂ PRIMEȘTI, LA RÂNDUL TĂU.**

MOMENT DE REFLECȚIE!

PISICA DESCHISE OCHII
ȘI ÎN EI PĂTRUNSE SOARELE.
PISICA ÎNCHISE OCHII
ȘI SOARELE RĂMASE ÎN EI.
IATĂ DE CE, SEARA,
CÂND PISICA SE TREZEȘTE,
DESLUȘESC ÎN ÎNTUNERIC
DOUĂ BUCĂȚI DE SOARE.

Maurice Carême

A FI SAU A NU FI CA O PISICĂ?

Să trăiești ca o pisică!

Majoritatea celor care au o pisică invidiază felul în care aceasta trăiește, înclinația ei spre fericire și visează adesea să pună în practică, în viața lor de zi cu zi, comportamentul și filosofia ei de viață.

Să poți să pășești la fel ca ea, să te ocupi doar de ceea ce îți poate aduce, ca în cazul ei, seninătate, bună dispoziție, plăcere și prilej de joacă, să elimini din viața ta tot ce te trage în jos, fără să te mai complici cu întrebări... Un vis...

Un vis la îndemâna tuturor, dacă ne acordăm timpul necesar pentru a adopta unele dintre comportamentele pisicii în ceea ce privește stima de sine, felul în care ne raportăm la ceilalți, capacitatea noastră de a distinge esențialul de deșertăciune.

Pisica are capacitatea înnăscută de a profita din plin de viață – avem multe de învățat de la ea. Nu este nevoie să consultăm tratate de filosofie ca să dobândim și noi această capacitate – pisica ne dezvăluie secretul prin însuși felul ei de a fi.

Să ne inspirăm din el în fiecare zi, indiferent dacă este vorba despre gestionarea relațiilor, canalizarea stresului, detașarea ori redobândirea încrederii în sine... Tot atâtea teme pe care le-am abordat prezentând principalele 40 de calități ale pisicilor.

Tot atâtea soluții pentru ca noi să redobândim controlul asupra propriei vieți, care, uneori, ne scapă.

Dacă nu ai o pisică, poate că ai fost surprins să descoperi, în acest ghemotoc de blană, multe abilități, putere, înțelepciune și idei care te pot ajuta în viața de zi cu zi. Poate că, acum, vei vrea să găsești o pisică pentru a-ți fi tovarăș de viață... Îți doresc s-o găsești, căci nu vei regreta niciodată relația și complicitatea care vor apărea între voi.

De-acum înainte, fă ca ea: construiește-ți viața ca pe o căutare a stării de bine și a plăcerii!

Așadar, ce spui: de-acum înainte vei acționa și gândi ca o pisică?

MOMENT DE REFLECȚIE!

**„PRIVIND ACEASTĂ PISICĂ
ATÂT DE INTELIGENTĂ,
MĂ GÂNDESC DIN NOU, CU TRISTEȚE,
LA LIMITELE ÎNGUSTE
ALE CUNOAȘTERII UMANE.
CINE POATE SĂ SPUNĂ CÂT DE VASTE
SUNT FACULTĂȚILE INTELECTUALE
ALE ACESTOR ANIMALE?”**

Ernst Theodor Amadeus Hoffmann

PISICA ARE ÎNTOTDEAUNA ULTIMUL CUVÂNT!

„Mototol mai e stăpânul meu, uneori! Chiar o adevărată pacoste! Și asta mă obosește! Însă îl iubesc, după 12 ani de viață împreună. Mai avem mult de lucrat, însă a făcut progrese!

Sper că ideile pe care vi le-a împărtășit vă vor ajuta să vă îmbunătățiți viața de zi cu zi și, mai ales, să fiți fericiți!

Mai sunt și alte secrete pe care mi-ar fi plăcut să i le dezvălui pentru ca, la rândul său, să vi le transmită, însă i se întâmplă încă, uneori, să nu fie suficient de atent.

Și, totuși, totul este chiar aici, în fața noastră, în fața voastră. Diferența dintre voi și noi, pisicile, este că noi vedem totul.

Din timpurile străvechi ale Egiptului și chiar dinainte, până în zilele noastre, l-am însoțit pe om de-a lungul vieții sale, pentru a-l ajuta, ajungând să fim venerate pentru înțelepciunea noastră, puțin cam uitată astăzi.

Sper că această carte vă va fi de ajutor, astfel încât să vedeți din ce în ce mai clar.

Oameni dragi, vă urez să aveți parte de tot ce este mai bun și să vă bucurați cât puteți de mult de viața alături de noi!”

ZIGGY

TEST

EVALUEAZĂ-ȚI COEFICIENTUL DE PISICĂ (CP)

Pentru fiecare întrebare, indică (sincer!) nivelul la care consideri că te afli. (De la 1, nivelul cel mai scăzut, la 5, nivelul cel mai ridicat.)

❶ Cât de liber te simți, în general?
CP: 1 2 3 4 5

❷ Consideri că ești o persoană cu multă charismă?
CP: 1 2 3 4 5

❸ Ești o persoană mai degrabă calmă? (Sau adesea nervoasă?)
CP: 1 2 3 4 5

❹ Știi să te afirmi în fața apropiaților sau în societate?
CP: 1 2 3 4 5

❺ Te consideri o persoană înțeleaptă, care știe să privească lucrurile și dintr-o altă perspectivă?
CP: 1 2 3 4 5

❻ Știi să te gândești și la tine însuți? Să ai grijă de tine?
CP: 1 2 3 4 5

❼ Te accepți așa cum ești, cu calitățile și defectele tale? De obicei, te iubești tu pe tine?
CP: 1 2 3 4 5

❽ Consideri că ești o persoană mai degrabă mândră, cu o stimă de sine ridicată?
CP: 1 2 3 4 5

⑨ Crezi că ești adesea în centrul atenției?
CP: 1 2 3 4 5

⑩ Cât de insensibil ești la părerile celorlalți?
CP: 1 2 3 4 5

⑪ Ești o persoană curioasă?
CP: 1 2 3 4 5

⑫ Ești o persoană independentă?
CP: 1 2 3 4 5

⑬ Ai încredere în tine?
CP: 1 2 3 4 5

⑭ Știi să delegi sarcini?
CP: 1 2 3 4 5

⑮ Știi să-ți acorzi timp să trăiești și să profiți din plin de viață?
CP: 1 2 3 4 5

⑯ Te adaptezi ușor la schimbări?
CP: 1 2 3 4 5

⑰ Cauți adesea liniștea?
CP: 1 2 3 4 5

18 Ai spune că, în general, tu ți-ai ales anturajul? (Sau că ți-a fost impus ori că persoanele respective s-au insinuat în viața ta?)
CP: 1 2 3 4 5

19 Știi să te odihnești? (Sau vezi odihna ca pe o pierdere de timp?)
CP: 1 2 3 4 5

20 Știi să spui NU?
CP: 1 2 3 4 5

21 De obicei, eviți conflictele?
CP: 1 2 3 4 5

22 Te simți atașat de locuința ta?
CP: 1 2 3 4 5

23 Ai încredere deplină în anturajul tău?
CP: 1 2 3 4 5

24 Ai stofă de lider?
CP: 1 2 3 4 5

25 Ești o persoană tenace? Încăpățânată? Hotărâtă?
CP: 1 2 3 4 5

26 De obicei, ești o persoană prudentă?
CP: 1 2 3 4 5

27 La ce nivel îți apreciezi nevoia permanentă de iubire?
CP: 1 2 3 4 5

28 Te consideri o persoană ponderată?
CP: 1 2 3 4 5

29 În general, ești sigur de ceea ce vrei în viață?
CP: 1 2 3 4 5

30 De obicei, îndrăznești să ceri ajutorul celorlalți?
CP: 1 2 3 4 5

31 În general, te consideri o persoană onestă?
CP: 1 2 3 4 5

32 Ai tendința de a observa și de a tăcea?
CP: 1 2 3 4 5

33 Ești fidel în prietenie, în relațiile tale?
CP: 1 2 3 4 5

34 Ești detașat complet de imaginea personală? De bunurile tale materiale?
CP: 1 2 3 4 5

35 Te consideri o persoană spontană, care se comportă cu naturalețe?
CP: 1 2 3 4 5

36 Dai dovadă de modestie?
CP: 1 2 3 4 5

37 Ai tendința să râzi de fleacuri?
CP: 1 2 3 4 5

38 Când te privești în oglindă, te consideri frumos/frumoasă?
CP: 1 2 3 4 5

39 Te simți în largul tău în orice situație?
CP: 1 2 3 4 5

40 Ești capabil să-i asculți pe ceilalți? Să te pui în locul lor?
CP: 1 2 3 4 5

Numără-ți răspunsurile:

Răspunsuri de 1 și 2:

Răspunsuri de 3:

Răspunsuri de 4 și 5:

INTERPRETAREA REZULTATELOR

Să gândești și să acționezi ca o pisică – iată secretul unei vieți fericite! Pentru unii, însă, este nevoie de puțină muncă!

Reia rezultatele pe care le-ai obținut la testul pentru Coeficientul de Pisică:

- Dacă majoritatea răspunsurilor tale sunt de 1 și 2: Adoptă urgent o pisică! Urmărește-o pas cu pas, fiindcă ai multe de învățat din atitudinea ei și din filosofia ei de viață, pentru a le îmbunătăți pe ale tale.

- Dacă majoritatea răspunsurilor tale sunt de 3: Ești un pisoi. Mai ai de lucrat, însă te afli pe calea cea bună!

- Dacă majoritatea răspunsurilor tale sunt de 4 și 5: Felicitări! Ești o pisică!

Acum, reia întrebările din test, una câte una, și consideră că toate întrebările la care ai răspuns cu mai puțin de 4 merită, poate, să reflectezi asupra lor, pentru a corecta, eventual, unele dintre înclinațiile și lipsurile tale, cu ajutorul pisicii!

Tot atâtea abilități, calități și aptitudini pe care pisica le posedă din naștere, pe care le-am abordat în paginile acestei cărți și pe care nu-ți mai rămâne decât să le integrezi treptat în viața ta, pentru a trăi cu seninătate!

MOMENT DE REFLECȚIE!

**„DIN MOMENT
CE NU AVEM DECÂT O VIAȚĂ,
DE CE SĂ NU NE-O PETRECEM
ÎN COMPANIA UNEI PISICI?”**

ROBERT STEARNS

Apariţii recente:

Adevărul despre relații ◆ Stefan Blom
Societăți secrete. Mit, adevăr, plăsmuire, impostură ◆ Dominique Labarrière
Lecții de supraviețuire în condiții extreme ◆ John Hudson
Cele mai crude femei din istorie ◆ Alain Leclercq
Povești vindecătoare: Darul povestirii & Grădinarul credincios ◆ dr. Clarissa Pinkola Estes
Descoperiri științifice accidentale. Rolul întâmplării și al norocului în istoria științei ◆ Graeme Donald
Știința lui „DE CE" 3. Răspunsuri la întrebări despre mituri științifice, mistere și minunății ◆ Jay Ingram
Acum ori niciodată! Tranziția de la mijlocul vieții ◆ Dr. Christophe Fauré
Maratonul de o sută de ani. Strategia secretă a Chinei de a înlocui SUA ca superputere globală ◆ Michael Pillsbury
Gata cu singurătatea. 100 de ponturi pentru a-ți găsi perechea ◆ Bénédicte Ann
5 minute pe zi de cultură generală ◆ Delphine Gaston-Sloan
O zi din viața creierului. O perspectivă a neuroștiinței ◆ Susan Greenfield
Cartea mică a ISTORIEI mari. Povestea vieții, a Universului și a tuturor lucrurilor ◆ Ian Crofton, Jeremy Black
Pe urmele lui Putin. Sufletul unui imperiu în 11 fusuri orare ◆ Nina Hrușciova, Jeffrey Tayler
Luna din fântână. Povești înțelepte pentru o transformare profundă a vieții ◆ Erica Helm Meade
Marea carte a răului. Cele mai rele 10 rele din lume ◆ Sam Jordison
Spionul pelerin. Războiul meu secret cu Putin, KGB, Stasi ◆ Tom Shore
Sunt pe moarte?! Mă panichez sau mă relaxez? Ghidul complet al simptomelor ◆ dr. Christopher Kelly, dr. Marc Eisenberg
50 de ani? Nu-mi pasă! Am o viață împlinită, senină și încrezătoare ◆ Régine Labrosse
Cartea mică a ideilor mari. 150 de concepte și descoperiri care au schimbat istoria ◆ Daniel Smith
Ordine ucigașe. Regimul Putin și crima politică ◆ Amy Knight
Atlasul modelelor pedagogice ◆ Yohann Duval
Babel. În jurul lumii în 20 de limbi ◆ Gaston Dorren